Alfred E. Ratz

Freiheit des Individuums
und Gesellschaftsordnung bei
Christoph Martin Wieland

Kanadische Studien zur deutschen Sprache und Literatur

Etudes parues au Canada en relation
avec la philologie et la littérature Allemandes

Canadian Studies in German Language and Literature

herausgegeben von
Armin Arnold · Michael S. Batts · Hans Eichner

No. 12

Alfred E. Ratz

Freiheit des Individuums
und Gesellschaftsordnung bei
Christoph Martin Wieland

Herbert Lang
Bern und Frankfurt/M.
1974

Alfred E. Ratz

Freiheit des Individuums und Gesellschaftsordnung bei Christoph Martin Wieland

Ein Beitrag zur Weimarer Klassik

Herbert Lang
Bern und Frankfurt/M.
1974

ACKNOWLEDGEMENT

The book has been published with the help of a grant from the Humanities Research Council of Canada, using funds provided by the Canada Council.

ISBN 3 261 01059 2

Printed by Lang Druck Ltd., Liebefeld/Berne (Switzerland)

INHALT

EINFÜHRUNG

Mit außerordentlichem Scharfblick verfolgte Wieland das politische Geschehen seiner Zeit. Die Vielseitigkeit seiner diesbezüglichen Äußerungen erklärt sich aber nicht allein durch seine Gebundenheit an eine erst im nachhinein überschaubare Entwicklung. Sie wird vielmehr auch durch seinen ständigen Rollentausch bedingt, dadurch also, daß er sich abwechselnd als Ratgeber, Kommentator und Kritiker zu Worte meldete. Waren seine Ratschläge pragmatisch und seine Kommentare nüchtern, so legte er als Kritiker doch grundsätzlich ideale Maßstäbe an und bewertete den jeweiligen Tatbestand vom Blickpunkt dessen her, der in der Vervollkommnung des Menschen und der Realisierung seiner Freiheit das höchste aller Ziele erblickte.

Dennoch führt die Suche nach einem *Begriff* der Freiheit bei ihm ins Leere. Weil er dialektisch dachte, verband er nämlich mit diesem Wort keinen logisch-absoluten Begriff, kein abstrakt-philosophisches Ideal. Darauf beruht sein Mangel an begrifflicher Präzision, der viel zu den Zweifeln an seiner weltanschaulichen Konsequenz und selbst an seiner charakterlichen Integrität beigetragen hat. Der Vorstellung vom moralisierenden Aufklärer Wieland wird somit immer noch die vom grundsatzlosen Opportunisten entgegengehalten. Die Stichhaltigkeit beider Ansichten, deren Vertreter sich gern auf ihn selbst zu berufen pflegen, dürfte sich im Nachstehenden freilich als illusorisch herausstellen. Denn Wielands Relativismus ist kein Ausdruck opportunistischer Prinzipienlosigkeit, sondern muß als eine Erkenntnis des unvereinbaren Gegensatzes zwischen Ideal und Wirklichkeit verstanden werden. Ihre Anerkennung setzt beim Leser die Bereitschaft zu einer andauernden Verschiebung des Blickwinkels voraus, die Fähigkeit, sich den Dingen mit des Dichters eigener Beweglichkeit anzunähern, den Verzicht auf Schematisierungen und Vereinfachungen jeder Art. Dabei soll allerdings auf feste Anhaltspunkte nicht verzichtet werden, die sich etwa durch Vergleiche mit Zeitgenossen bestimmen lassen. Wichtig sind vor allem: Lessing, weil er, mehr noch als Wieland selbst, zur deutschen Aufklärung vor Kant gehört; Kant, weil seine Philosophie *den* Wendepunkt im abendländischen Denken kennzeichnet; Schiller, weil er, von Kant ausgehend, nach einer auch ästhetisch annehmbaren Lösung der moralischen Probleme der Zeit sucht; und Rousseau, weil seine revolutionären Gedankenflüge Wieland zur polemischen Stellungnahme angeregt haben.

Leider fehlt es nach wie vor an einer vollständigen, kritischen Wielandausgabe, und ihr Mangel ist durch das Erscheinen solch sorgfältig bearbeiteter Teilausgaben wie der 1964–1968 von Fritz Martini und Hans Werner Seiffert herausgebrachten Auswahl nur desto spürbarer geworden. Für die nachstehende Untersuchung wurden *C. M. Wielands sämmtliche Werke in 36 Bänden* der G. J. Göschen'schen Verlagsbuchhandlung, Leipzig 1855–1858, benutzt, der es trotz ihrer relativen Vollständigkeit und ungeachtet der kritischen Anmerkungen ihres Herausgebers u.a. an einer genauen Datierung und einer einheitlichen Rechtschreibung fehlt. An dieser wurde jedoch — von der Verbesserung gelegentlicher Druckfehler abgesehen — nichts geändert, so daß der Leser in Zitaten unterschiedlichen Schreibweisen wie "polizirt" und "policirt," "blos" und "bloß" u.a.m. begegnet.

Umso willkommener waren die bei der Endfassung dieser Ausführungen verwerteten kritischen Anmerkungen und nützlichen Hinweise von Professor Dr. H. Eichner und Dr. G. K. Weißenborn, University of Toronto, für die der Verfasser hiermit seinen Dank aussprechen möchte.

St. John's, Neufundland, Herbst 1972 Alfred Ratz

I. DIE GRENZEN DER FREIHEIT

So alt wie die Frage nach der Bestimmung des Menschen ist wohl auch die nach seiner Freiheit. Da ihre Beantwortung aber letzten Endes von den subjektiven Vorstellungen jedes Einzelnen abhängt, wird sie vielleicht immer offen bleiben. Allerdings ist den Materialisten und Deterministen eine negative Antwort aufgrund einer "konsequenten" Beweisführung vermutlich stets leichter gefallen, als ein "Beweis" der Freiheit den Idealisten je fallen dürfte. Denn die Unabhängigkeit des Menschen von den Naturgesetzen, die ihn als Teil der Erscheinungswelt bestimmen, hängt doch von der Annahme einer der Kausalität nicht unterworfenen ersten Ursache ab,[1] die — nenne man sie nun Seele, Geist, oder Vernunft — sich ihrer immateriellen Beschaffenheit gemäß in ihrer Wirkungsweise der exakt-wissenschaftlichen Erfassung entzieht.

Zwar wird heute selbst in der Physik der Kausalität auf dem Grenzgebiet von Materie und Energie eine nur mehr beschränkte Gültigkeit im Sinne eines konstanten Durchschnitts aus unzähligen Zufälligkeiten zugestanden. Daraus aber zugleich auf ihre Ungültigkeit im Bereich des menschlichen Alltags zu schließen, wäre ebenso gewagt, wie zu bezweifeln, daß in der subnuklearen Welt physikalische Wirkungen irgendwelche anderen als physikalische Ursachen haben könnten — auch wenn sich diese weitgehend noch einer quantitativen Bestimmung entziehen.

Kurz und gut: die Freiheit bleibt, für den Pragmatiker nicht weniger als für den Naturwissenschaftler, schlechthin unbeweisbar und gehört nicht einmal zu seinem Problemkreis. Vom Philosophen oder Dichter hingegen kann sie zwar vorausgesetzt und postuliert werden, ist aber, da im Grunde auf einem Glaubensakt fußend, streng genommen problematisch. Ihre Problematik erschöpft sich allerdings nicht in ihrer naturwissenschaftlichen Unbeweisbarkeit. Auch dann nämlich, wenn man von ihrer Wirklichkeit überzeugt ist, braucht man es nicht von ihrer Unbedingtheit zu sein. Man kann also immerhin gelten lassen, daß eine Freiheit sei, ohne zugleich die Schranken zu übersehen, die ihr in der Praxis gesetzt sind.

---

1 Für Kant ist diese Ursache "die bloße gesetzgebende Form der Maximen allein," und da "die bloße Form des Gesetzes lediglich von der Vernunft vorgestellt werden kann und mithin kein Gegenstand der Sinne ist, folglich auch nicht unter die Erscheinungen gehört: so ist die Vorstellung derselben als Bestimmungsgrund des Willens von allen Bestimmungsgründen der Begebenheiten in der Natur nach dem Gesetze der Causalität unterschieden." Demnach "muß ein solcher Wille als gänzlich unabhängig von dem Naturgesetz ... dem Gesetze der Causalität ... gedacht werden. Eine solche Unabhängigkeit aber heißt Freiheit... im transzendentalen, Verstande." (*Kritik der praktischen Vernunft*, Akademie Textausgabe, V, S. 29) — Vgl. Anm. 8.

Für uns ist nun gerade diese Seite der Freiheitsproblematik von entscheidender Bedeutung, weil Wieland nach dem unausbleiblichen Abebben seines jugendlichen Enthusiasmus das Interessse an rein metaphysischen Problemen weitgehend verloren hatte und sich stattdessen immer stärker der Lösung praktischer Fragen zuwandte. Die Worte seines Aristipp: "Als bloße Speculationssache gäbe ich selbst für die Philosophie des Sokrates . . . keine taube Nuß; in Ausübung gebracht, ist sie mehr als alles Gold . . . werth" (*Aristipp* II [1800], W. 23, S. 204) stellen ein Selbstbekenntnis dar. Wielands Abneigung gegen das spekulative Denken, die ja für Lessing etwa nicht weniger bezeichnend ist, schärfte seinen Blick für die natürlichen Gegebenheiten. Und sie war es, die seine eigenen Ansichten über die Freiheit entsprechend geprägt hat.

Ebenso wichtig in diesem Zusammenhang ist Wielands "Freude am Journalismus,"[2] die ihn zur fortwährenden Auseinandersetzung mit dem Zeitgeschehen und zur Einflußnahme auf die öffentliche Meinung drängte. Umgekehrt wurde er selbst durch sie erheblich beeinflußt, indem er sich gedanklich und emotionell stärker engagierte als jene Kritiker, die das Geschehen bewußt aus einer größeren Entfernung zu beobachten pflegten. Sie liefert die Erklärung für gewisse Widersprüche in seinen Aussagen. Doch ist es ebenso ungerecht wie kurzsichtig, ihm diese vorzuhalten,[3] weil sich ihrer ungeachtet — und trotz des tiefgreifenden sozialen und politischen Umbruchs seiner Zeit — die Anschauungen des reifen und alten Dichters mit denen des frühen erwiesenermaßen weitgehend decken.[4]

Dennoch stößt eine Untersuchung des Freiheitsproblems bei Wieland auf *eine* echte Schwierigkeit. Sie besteht darin, daß die Aussagen seiner Gestalten nur mit Vorbehalt als Spiegelungen seiner eigenen Auffassungen verstanden werden dürfen. Das gilt besonders von seinen Romangestalten und hängt einmal mit seiner undogmatischen Haltung zusammen,[5] darüber hinaus aber auch mit seiner zeitgemäßen Vorliebe für den Dialog, den dialektischen Gedankenaustausch. Mit diesem verträgt sich jener predigerhafte Ton nur schlecht, der die Gesprächspartner daran hindert, daß sie, "indem sie nur mit leichtem Fuße über den

---

[2] Schindler-Hürlimann, *Wielands Menschenbild*, S. 83.

[3] Wie es etwa Nadler in seiner *Literaturgeschichte der deutschen Stämme und Landschaften*, Bd. 3, S. 112ff., tut.

[4] Vgl. A. E. Ratz, "C. M. Wieland: Toleranz, Kompromiß und Inkonsequenz. Eine kritische Betrachtung," DVLG, 42, 4, 1968, S. 493—514.

[5] Vgl. *Was ist Wahrheit* (1776), W. 29, S. 147: "Vor Allem aber . . . hüten wir uns vor der Thorheit, unsere Meinungen für Axiome und unumstößliche Wahrheiten anzusehen und Andern als solche vorzutragen. Es ist ein widerlicher, harter Ton um den Ton der Unfehlbarkeit . . ." — Die Frage ist natürlich: Wie umgeht der Wieland-Interpret selbst die ihm durch Wieland gestellte Falle der "Unfehlbarkeit"? Wie bestimmt er mit Sicherheit, ob sich diese oder jene Aussage dieser oder jener Wielandischen Gestalt tatsächlich mit der Ansicht ihres Dichters deckt? Das ist zugestandenermaßen ein letztlich unlösbares Problem, dessen Entschärfung eine möglichst umfassende Kenntnis Wielands erfordert. Auch sie wird einzelne Fehlschlüsse nicht verhindern, deren Anzahl jedoch insgesamt hoffentlich auf ein Minimum reduzieren.

Gegenstand hinzuglitschen scheinen, dennoch alles sagen, was den Zuhörer auf den Grund der Sache blicken läßt, und in den Stand setzt, sich jede Frage, die noch zu thun seyn könnte, selbst zu beantworten." (*Aristipp* II, W. 23, S. 305) An dieser Vorliebe Wielands für das "Plauderhafte, fast Redselige"[6] hat man sich gestoßen,[7] weil man hinter ihr einen Mangel an Grundsätzen vermutet hat. Doch ist es eher so, daß Wieland es vermeidet, dem Leser seine Grundsätze aufzudrängen – ohne Zweifel ein altbewährter pädagogischer Kunstgriff und eine diplomatische Gabe, die ihn vorteilhaft von manchem anderen Aufklärer und Landsmann unterscheiden.

Hieraus folgt, daß eine Absteckung der Grenzen der Freiheit bei Wieland kaum eine Definition seines Freiheits*begriffs* zeitigen wird. Vielmehr muß sie sich notgedrungen in einer deskriptiven Untersuchung des mit dem Gebrauch dieses Wortes zusammenhängenden Fragenkomplexes erschöpfen, ohne jeweils völlig befriedigende Antworten liefern zu können. Falsch wäre es freilich, aus diesem Grunde auf eine Untersuchung verzichten zu wollen, denn die Freiheits- problematik liegt nun einmal an der Wurzel der gesellschaftlichen und politischen Anschauungen Wielands, und ohne ihre Beleuchtung bleiben viele seiner scheinbaren und echten Widersprüche unverständlich.

Vergegenwärtigen wir uns also zunächst einmal einen von Wielands Kernge- danken, den er selbst während der durch die Französische Revolution verur- sachten geistigen Krise nicht aufgab, nämlich, daß der Mensch "ein vernünftiges, sich selbst durch den Gebrauch seiner Vernunft bestimmendes Wesen, folglich eine freie Person" sei (*Ueber Constitutionen* [1792], W. 32, S. 276). – Nun kann von Freiheit nur dann sinnvoll gesprochen werden, wenn sie im Gegensatz zur Gebundenheit gesehen wird. Das tut Kant etwa, indem er seine Idee der Freiheit mit der Erkenntnis der Kausalität der Welt der Erscheinungen kontrastiert,[8] während Schiller dem in der "schönen Seele" angestrebten Freiheitsideal die Triebgebundenheit des Menschen gegenüberstellt. Und selbst Lessing, für den die Freiheit als Problem im Sinne Kants und Schillers fast nur von akademischem Interesse war, versteht darunter Unabhängigkeit des Menschen von dessen tierischer Natur. Worin also sieht Wieland die Schranken der menschlichen Freiheit?

---

6 Schindler-Hürlimann, a.a.O., S. 57 u. 83.
7 Vgl. F. Sengle, *Wieland,* S. 260, der – vermutlich richtungweisend für de Boor und Newald (*Geschichte der deutschen Literatur von den Anfängen bis zur Gegenwart,* Bd. 6, S. 90) – anmerkt, Wieland hätte sein politisches Programm im *Goldnen Spiegel* wie "ein vollkommen unverbindliches Salongespräch" vorgetragen.
8 Vgl. Anm. 1, aber auch die *Kritik der reinen Vernunft,* 2. Auflage 1787, a.a.O., III, S. 363, wo er schreibt, er "verstehe . . . unter Freiheit im kosmologischen Verstande das Vermögen, einen Zustand *von selbst* anzufangen, deren Causalität also nicht nach dem Naturgesetze wiederum unter einer anderen Ursache steht, welche sie der Zeit nach bestimmte."

Liest man die dritte und letzte Fassung des *Agathon* (1794), so möchte es scheinen, als sähe er sie in Form eines Kantischen Gegensatzes zwischen Sinnen und Vernunft, denn sein Archytas behauptet, "daß ein rastloser Kampf der Vernunft mit der Sinnlichkeit, oder des geistigen Menschen mit dem thierischen, das einzige Mittel sey, wodurch der Verderbniß unsrer Natur und den Uebeln aller Arten, die sich aus ihr erzeugen, abgeholfen werden könne; und daß dieser innerliche Krieg in jedem Menschen so lange dauern müsse, bis das zum Dienen geborne Thier die weise und gerechte Herrschaft der Vernunft anerkennt und willig dulden gelernt hat" (*Agathon* III, W. 6, S. 309). Doch handelt es sich bekanntlich bei der "Lebensweisheit des Archytas" um eine Wieland im Grunde fremde Philosophie,[9] die noch weniger typisch für ihn ist als die "reizende Philosophie" der *Musarion* (1768), dergemäß der Mensch, "was Natur und Schicksal uns gewährt, / Vergnügt genießt und gern den Rest entbehrt" (W. 3, S. 54). Dabei soll eine gewisse Verwandtschaft dieser Denkart mit den Ansichten des alten Wieland gar nicht abgestritten werden, denn im *Aristipp* heißt es ja: "Meine Vorstellungsart erlaubt es mir nicht, so streng mit der Hälfte meines Ichs zu verfahren; und . . . so denke ich vielmehr . . . darauf, einen billigen Vertrag zwischen beiden Theilen zu Stande zu bringen, mit dem Vorbehalt, falls es mir damit nicht gelingen sollte, mich auf die Seite der Vernunft zu schlagen, und vermittelst ihrer Oberherrschaft über den animalischen Theil diese Sokratische Sophrosyne in mir hervorzubringen . . ." (*Aristipp* I, W. 22, S. 393)

Man hat zwar die "trennenden Unterschiede" zwischen dem Reife- und Alterswerk Wielands "mißverständlich übertreibend" herausgestellt.[10] Ohne aber zu übersehen, daß der alte Wieland seinen Aristipp mit einer abgeklärteren Weltanschauung ausgestattet hat als der jüngere Wieland seinen ersten Agathon (1763) und seine Musarion, lassen sich doch grundsätzliche Unterschiede zwischen ihnen kaum feststellen. Wohl spricht Aristipp von der "Oberherrschaft" der Vernunft über den "animalischen Theil" der menschlichen Natur, so daß es scheint, als hätte Kants Philosophie Wieland tatsächlich tiefer beeinflußt. Während Kant jedoch in der *Kritik der praktischen Vernunft* die Unterwerfung der Triebe unter die Vernunft fordert, weil er in ihr allein die Voraussetzung der

---

9 Man könne sie, meint Sengle, a.a.O., S.202, "besser bei Leibniz, Shaftesbury, Kant oder bei Wielands Schwiegersohn, dem Kantianer Reinhold," nachlesen. — Vgl. auch W. Reichert, "The Philosophy of Archytas in Wieland's Agathon," *GR*, 24, 1949, S. 10: "The extreme idealism implicit in the Lebensweisheit of Archytas differs sharply from Wieland's customary position"; sowie Schindler-Hürlimann, a.a.O., S. 157, von der sie "die angehängte 'Philosophie des Archytas' " genannt wird, "dieser künstliche Schluß," der Wielands "Einbildungskraft kaum entspricht."

10 So E. Groß, "C. M. Wielands 'Geschichte des Agathon.' Entstehungsgeschichte," *GS*, 86, 1930, S. 179. — Gerade darum sollten gewisse Übereinstimmungen nicht übersehen werden.

die menschliche Freiheit kennzeichnenden "Autonomie" des Handelns sieht, kümmert Wieland sich um dieses Prinzip nicht, sondern ersetzt es durch den Begriff der "Sophrosyne." – Darum sucht man bei ihm auch vergeblich nach einer Unterscheidung zwischen der Freiheit im *positiven Verstande*" (die Kant als die "eigene Gesetzgebung" bezeichnet und aus der Wirkungsmöglichkeit der reinen praktischen Vernunft ableitet) und der Freiheit im *"negativen"* Sinne, die schon als die bloße Unabhängigkeit des Willens von allen sinnlichen Eindrücken ("Objecten") in Übereinstimmung mit dem absoluten Prinzip des moralischen Gesetzes verstanden wird.[11] Für sinnliche Beweggründe wie die Sophrosyne hingegen gibt es in der Kantischen Moralphilosophie keinen Platz, weil sie zum Bereich der *Heteronomie der Willkür* gehören, in der Kant jenes Prinzip verurteilt, das "nicht allein Romanschreiber oder empfindelnde Erzieher . . . sondern bisweilen selbst Philosophen, ja die strengsten unter allen, die Stoiker" auf den Abweg *"moralischer Schwärmerei"* geführt habe.[12]

Bedeutender noch ist der Umstand, daß Wieland, obschon geneigt, das moralische Handeln des Menschen dem Primat der Vernunft unterzuordnen, gerade im Alter die Macht der Vernunft nicht überschätzte, weil "kein Mensch . . . sich vor irgend etwas, wozu Wahn und Leidenschaft einen Menschen bringen können, völlig sicher halten darf" (*Aristipp* II, W. 23, S. 49). – Es bleibe dahingestellt, inwiefern Wieland absichtlich die Unterschiede hervorzuheben oder sogar zu übertreiben versuchte, die ihn von Kant trennten.[13] Mag sein, daß er mit den Jahren und wachsender Lebenserfahrung der Vernunft einfach mit steigendem Mißtrauen begegnete, wodurch seine vorübergehend positive Einstellung zu Kant auch nicht unberührt bleiben konnte. Auf jeden Fall stellt sich die Frage, wie hoch er tatsächlich die Macht der Leidenschaften, vor der "kein Mensch sich völlig sicher halten darf," veranschlagte. Denn wenn Leidenschaften wie Liebe und Haß, die ja, ebenso wie etwa die Triebe der Selbsterhaltung und Fortpflanzung, dem "animalischen Theil" unserer Natur angehören, den Menschen beeinflussen, so beeinträchtigen sie natürlich seine in der Vernunft gründende Freiheit.

Wieland lehnt, gleich Kant, bestimmte Vorstellungen der Stoiker über die Grundsätze der Moral ab, nur geht er dabei nicht logisch, sondern empirisch vor. Bezüglich der Rolle der Leidenschaften neigt er eher einer damals besonders in

11 Vgl. die *Kritik der praktischen Vernunft*, a.a.O., S. 33.
12 ebda., S. 86.
13 Vgl. hierzu Sengle, a.a.O., S. 469–471, sowie H. Kind, "Christoph Martin Wieland und die Entstehung des historischen Romans in Deutschland", *Gedenkschrift für Ferdinand Josef Schneider (1879–1954)*, S. 160ff. – Während Sengle Wielands "Mißvergnügen an Kant . . . zunächst ganz einfach darauf" zurückführt, "daß er und sein Publikum die Sprache des Philosophen schlecht verstanden," Wieland jedoch "infolge seiner Skepsis dem Kritizismus Kants nicht so fern stand, wie es scheinen könnte," bemerkt Kind, Wieland wäre "berührt von der Bewegung des Klassizismus, die aus dem Rokoko hinaus- und zum Idealismus hinführte."

Frankreich verbreiteten Auffassung zu:[14] "Leidenschaften sind nicht (wie die Stoiker irrig lehren) Krankheiten der Seele: sie sind ihr vielmehr, was die Winde einem Schiffe sind ... Sie verstärken die demselben gegebene Bewegung ... Starke Leidenschaften zu regieren, werden freilich große Kräfte des Geistes erfordert; aber sie spannen auch seine Kräfte ... Der Schiffer muß sie in seine Gewalt zu bringen wissen, wenn er nicht Gefahr laufen will, von ihnen verschlagen, oder ... zertrümmert zu werden." (*Agathodämon* [1799], W. 18, S. 41)

Ohne also die Gefährdung der Freiheit durch die Leidenschaften zu verkennen, spricht ihnen Wieland eine praktische Nützlichkeit zu, denn sie seien in gewissem Sinne die "großen Beweger des menschlichen Gemüthes" (*Peregrinus Proteus* I [1791], W. 16, S. 232) und, "von Vernunft geleitet," sogar "unentbehrliche Springfedern des menschlichen Lebens" (*Peregrinus Proteus* II, W. 17, S. 56). – Mit seinem zwiespältigen Urteil freilich steht Wieland nicht allein da, typisiert vielmehr die Meinungsverschiedenheiten auch unter den deutschen Aufklärern, deren Ansichten bezüglich der Bedeutung der Leidenschaften für Sittlichkeit und Fortschritt einander zuwiderliefen.[15] Es ist wohl bezeichnend für ihn, daß er versucht, einen Weg zwischen den Extremen zu finden: "Thorheit wär' es, wenn Jemand, ohne andre Ursache als systematischen Stolz und Starrsinn, sich immer Alles versagen wollte, was die Lebensweise des gebildeten Menschen vom ursprünglichen Zustand des rohen Menschenthiers unterscheidet." (*Krates und Hipparchia* [1804], W. 21, S. 229) Und daraus spricht jene Duldsamkeit hinsichtlich der weniger idealen, d.h. also der unvernünftig-triebgebundenen Seiten der menschlichen Natur, welche die gesamte Spätaufklärung von der Frühaufklärung unterscheidet.[16] Für Wieland ist ein "Mensch, der ganz Vernunft, ganz Geist, ganz Gedanke ist ... zwar ein stoischer Mensch in einer stoischen Welt; in der wahren Welt aber gibt es keine andern Menschen als ... Mitteldinge von Engeln und Vieh." (*Theages. Ueber Schönheit und Liebe* [1760], W. 33, S. 249)

Des Menschen irrationale, "thierische" Veranlagung wird allerdings nicht immer einfach als naturbedingt hingenommen und geduldet. Insofern sie durch die geistige Seite des Menschen ergänzt wird, trägt sie zu seiner Einzigartigkeit bei. So gesehen besitzt sie auch mehr als eine nur praktische Bedeutung und

---

[14] Vgl. Groß, a.a.O., S. 16, der auf Helvetius' Vorstellung von der kulturfördernden Rolle der Leidenschaften hinweist, die dieser "in seinem Buche über den Geist des Menschen" als "die Vorbedingungen des kulturellen Fortschritts" bezeichnet.

[15] H. M. Wolff, *Die Weltanschauung der deutschen Aufklärung*, S. 27–103 u. S. 164ff.

[16] So sieht es Wolff, ebda., S. 210. Obwohl im Grunde annehmbar, wird Wolffs Ansicht jedoch nur dem Wieland des *Agathon* gerecht. Treffender formuliert es K. Hoppe, "Wieland und Lessing," *Deutsche Philologie im Aufriß*, III, S. 814, der behauptet, Wieland betrachtete die Triebe "als die niederen Seelenkräfte und unterstellte sie der Leitung durch die Vernunft."

stellt in Wielands Augen eine Schranke sowohl als auch eine Möglichkeit und Aufgabe dar.

Sie ist eine Schranke, indem sie den Menschen sozusagen an die Erde kettet, an das, was Kant als die "Welt," die Einheit im *Dasein* der Erscheinungen" bezeichnet,[17] das der Kausalität unterliegt. Als solche sorgt sie weitgehend dafür, daß "ein jedes ist was es seyn kann, und daß es unter allen den Bedingungen, unter welchen es ist, nicht anders hätte seyn können" (*Aristipp* III, W. 24, S. 21). Möglichkeit und Aufgabe ist sie, weil sie den menschlichen Geist zur Selbstbehauptung gegen ihren Herrschaftsanspruch aktiviert. Darum schreibt Wieland bereits 1770, der Mensch müsse "gewisser Maßen sein eigener zweiter Schöpfer seyn,"[18] woran sich 1775 eine fast identische Forderung anschließt,[19] die dann 1799 in die "einfache Formel" mündet: "sey so frei und thätig, so groß und gut, als du durch dich selbst seyn kannst!" (*Agathodämon*, W. 18, S. 48)

Der Freiheit des Menschen werden demnach nicht allein durch seine Veranlagung Schranken gesetzt. Vielmehr bleibt er als "sein eigener zweiter Schöpfer" stets ein von "allen Bedingungen, unter welchen er ist" stark abhängiges Geschöpf. Zu ihnen gehören in erster Linie die "äußerlichen Umstände," die Wieland bereits 1755 in den *Platonischen Betrachtungen über den Menschen* erwähnt, wo er sie aber noch in einem seinen späteren Vorstellungen genau entgegengesetzten Sinne bewertet. Er meint nämlich, es wäre "wahr, daß es vortreffliche Gesetzgeber und Lehrer gegeben hat . . . Konfucius . . . Minos . . . Lykurgus . . . Aber sie nahmen sich die Freiheit, der menschlichen Natur Gewalt zu thun, um ihre Absichten zu erreichen . . . bekümmerten sich wenig um die Abweichung ihres Systems von den . . . Gesetzen der Natur, welche . . . alle Menschen verbinden. Große Fehler, welche . . . großen Schaden thun mußten." (W. 29, S. 124ff.)

In diesem Aufsatz wird bei Wieland noch deutlich das erkennbar, was als "the very weakness of rationalism" bezeichnet worden ist, "the blind belief in the uniformity of human nature."[20] Schon bald freilich wird diese Anschauung zugunsten einer realistischeren Erkenntnis aufgegeben, die man — wohl etwas zu einseitig — auf den Einfluß der französischen Sensualisten zurückgeführt hat.[21]

17 Kant, *Kritik der reinen Vernunft*, a.a.O., S. 289.
18 *Koxkox und Kikequetzel*, W. 21, S. 282. — Schief, weil zu sehr auf den *Agathon* allein bezogen, muten die Ausführungen von Schindler-Hürlimann an: "Es liegt in der Natur von Wielands Menschen, daß sie . . . allem ungeheuer offen gegenüberstehen . . . der Umwelt aber wenig eigene Initiative entgegenstellen . . . Was von jedem einzelnen . . . gefordert wird, ist ein weitgehend passives Verhalten . . ." (a.a.O., S. 138) Vgl. demgegenüber das Folgende.
19 "Der Mensch kann weder Gott seyn, noch Gott werden: aber dem Gott, nach dessen Bild er erschaffen ist, immer ähnlicher werden, dieß kann er, und dazu ist er da." (*Unterredungen mit dem Pfarrer von* ***, W. 21, S. 282)
20 W. Stark, Einführung zu F. Meineckes *Machiavellism — the Doctrine of Raison d'Etat and its Place in Modern History*, S. XXXVIII.
21 Wie Groß z.B., der glaubt, der "milieutheoretische Naturalismus" der Franzosen habe "der ersten Fassung des *Agathon* sein Gepräge aufgedrückt" (a.a.O., S. 17).

Richtiger ist es, sich die "ungeheure Menge . . . Literatur" zu vergegenwärtigen, die schon der junge Wieland bewältigt, demgemäß also "nicht bewußt von da und dort einzelne Gedanken und Gestalten aufnimmt, sondern aus dem Reichtum seiner Phantasie, seiner Bildung schöpft."[22] Das erklärt, wie weit sich die Perspektive Wielands allein schon bis 1763 verschiebt, als er im "Vorbericht" zur ersten Fassung des *Agathon* seine Leser darauf hinweist, die Lebensechtheit der Charaktere seines Romans beruhe nicht zuletzt darauf, daß "in der Entwicklung derselben sowohl die innere als die relative Möglichkeit, die Beschaffenheit des menschlichen Herzens, die Natur einer jeden Leidenschaft . . . welche sie durch den Individualcharakter und die Umstände jeder Person bekommen, aufs genaueste beizubehalten, das Eigene des Landes, des Ortes, der Zeit . . . kurz . . . alles so gedichtet sey, daß sich kein hinlänglicher Grund angeben lasse, warum es nicht gerade so . . . hätte geschehen können" (W. 4, S. VI).

Wieland zufolge beeinflussen die "Umstände" Wesen und Schicksale ganzer Völker nicht weniger als die des Einzelnen. Als Beispiel dazu dient ihm ein Vergleich zwischen den Syrakusern und ihren Nachbarn, den Athenern und Spartanern. An diesen allen bemängelt er die neidische Art, die es ihnen verbiete, "an einem Mitbürger große Vorzüge von Verdienst, Ansehn oder Reichthum zu ertragen" (*Agathon* II, W. 5, S. 188). Neben diesem allgemeinmenschlichen Wesenszug seien sie jedoch alle mit besonderen Schwächen behaftet, und so käme es, daß z.B. die Syrakuser "durch ihre Lage, Verfassung und den Geist der Handelschaft der Spartanischen Gleichheit unfähig" seien (ebda).

Weil sich der Blick Wielands für die Abhängigkeit der Menschen von den verschiedenen Umweltfaktoren mit der Zeit schärft, wendet er sich immer entschiedener gegen jene wirklichkeitsfremden Idealisten, die den Menschen an sich zwar sehr genau kennen, den Besonderheiten des Individuums aber zu wenig Rechnung zu tragen pflegen. Wie öfter in seinem Reife- und Alterswerk, werden solche Idealisten im zweiten Teil des *Agathon* durch den anfänglich so hochgeachteten "Plato" verkörpert. Dieser, behauptet Wieland nun, "schloß immer richtig aus seinen Prämissen; aber seine Prämissen setzten immer mehr voraus als war . . . In der That hat man zu allen Zeiten gesehen, daß es den spekulativen Geistern nicht geglückt ist, wenn sie sich aus ihrem philosophischen Kreise heraus auf irgend einen großen Schauplatz des . . . Lebens gewagt haben. Und wie könnte es anders seyn, da sie . . . in ihren Utopien . . . zuerst die Gesetzgebung . . . erfinden und . . . sich sogenannte Menschen . . . schnitzeln, welche . . . nach diesen Gesetzen handeln müssen. Es ist leicht . . . zu sehen, daß

---

22 Schindler-Hürlimann, a.a.O., S. 10 u. 13ff.

es in der ... Welt ... umgekehrt ist. Die Menschen ... sind ... wie sie sind ..."[23]

Beeinflussen die "Umstände" den Menschen stärker als Erbanlagen, Triebe und Vernunft? — Wieland, der von dieser Hypothese eine Zeitlang viel zu halten scheint, distanziert sich später von ihr ebenso, wie er sich hier von seinem ursprünglichen idealistischen Standpunkt absetzt, um stattdessen einen rein praktischen zu beziehen. "Das zuträglichste für jedes Volk," schreibt er noch beinahe dreißig Jahre später, "ist, nicht das Ideal der vollkommensten Gesetzgebung, sondern gerade die zu haben oder zu bekommen, die es dermalen am besten ertragen kann" (*Betrachtungen über die gegenwärtige Lage des Vaterlandes* [1792], W. 31, S. 237). Dieser Art Verfassung nämlich wird beiden gerecht: den Menschen, die sich dem Zwang der Umstände fügen und ihre Vernunft allenfalls zur bestmöglichen Anpassung an sie gebrauchen; und denen, die eine höhere Stufe individueller Vervollkommnung, d.h. die "Freiheit," anstreben, was sie nur mit Hilfe ihrer Vernunft und nach einer Lösung vom äußeren Zwang bewerkstelligen können.

Eine besondere Bedeutung mißt Wieland im Zusammenhang mit der den Menschen prägenden und sein Schicksal bestimmenden Macht der Verhältnisse dem Zufall bei. Eines der besten Zeugnisse dafür bietet der Lebensweg Agathons. — Schon im Begriff, Danae zu verlassen, weil ihr Verhältnis zu Hippias seine Eitelkeit gekränkt hat und er durch die Kunde davon aus seinen platonischen Liebesträumen herausgerissen worden ist, wird sein ohnehin auf keiner vernünftigen Überlegung beruhender Entschluß im letzten Augenblick durch "die Schwäche des menschlichen Herzens" beinahe wieder umgeworfen (*Agathon* II, W. 5, S. 160).

Das bedeute, so hat man behauptet, daß "Wieland ... jeden Versuch, den Willen von der Herrschaft der selbstsüchtigen Triebe zu lösen, für einen Irrtum" halte.[24] Diese Interpretation ist aber nur annehmbar. solange sie keine Gültigkeit über den *Agathon* hinaus und auf Wielands Ethik schlechthin beansprucht. Hier freilich darf man sie gelten lassen; und bevor Agathon noch entsprechend reagieren kann, ereignet sich ein "glücklicher Zufall — Doch, warum wollen wir dem Zufall zuschreiben, was uns beweisen sollte, daß eine unsichtbare Macht ist, welche sich immer bereit zeigt, der sinkenden Tugend die Hand zu reichen? — Eine wohlthätige Schickung also fügte es, daß Agathon in diesem zweifelhaften Augenblick ... einen Mann erblickte, den er ... vertraulich gekannt und ... sich zu verbinden Gelegenheit gehabt hatte" (W. 5, S. 162).

---

[23] W. 5, S. 214—215. Vgl. auch das selbstironische Geständnis des Utopienbauers aus dem *Nachlaß des Diogenes von Sinope* (1769), W. 19, S. 120: "Ich weiß es mir selber Dank, daß ich mir die künftigen Einwohner meiner Republik nach meiner eigenen Idee habe machen lassen ..."
[24] Wolff, a.a.O., S. 210.

Man hat die nicht unberechtigte Vermutung geäußert, daß sich Wieland hier durch den ironischen Vergleich zwischen einem Zufall und einer "wohlthätigen Schickung" über die Gnadenlehre belustige.[25] Das allerdings unterstreicht nur die Tatsache, daß er den Zufall als Schicksalsfaktor durchaus ernst nahm und seine Bedeutung ihm wahrscheinlich nicht zuletzt durch seine zur Zeit der Niederschrift des *Agathon* intensive Beschäftigung mit Shakespeare zum Bewußtsein gekommen war, in dessen Werk der Zufall ja eine wichtige Rolle spielt. Auch wird Shakespeare viel dazu beigetragen haben, daß er "begann, die Menschheit in ihrer unermeßlichen Vielfalt, mit all ihren bösen und guten Seiten wie mit neuen Augen anzusehen."[26]

Das veranlaßt ihn dazu, im dritten Teil des Romans eine Lanze für die damals noch ihres "fehlerhaften, unregelmäßigen und schlecht ausgesonnenen" Aufbaus wegen weithin beanstandeten Dramen des Engländers zu brechen, dessen Weltkenntnis sich für ihn gerade darin beweist, daß er u.a. dem Walten des Zufalls in seinem Werk erheblichen Spielraum läßt: "Wie oft sehen wir Personen kommen und wieder abtreten, ohne daß sich begreifen läßt, warum sie kamen, oder warum sie wieder verschwinden! Wie oft sehen wir die größten Wirkungen durch die armseligsten Ursachen hervorgebracht!" (*Agathon* III, W. 6, S. 38–39) Shakespeare fasziniert ihn ebenso durch das Moment der Überraschung, des Unvorhergesehenen, wie durch die lebendige Überzeugungskraft seiner Gestalten und Handlungen. Es ist also bestimmt auch dem Studium Shakespeares zuzuschreiben, daß Wieland im *Agathon* Menschen und Schicksale mit einer Lebensechtheit zu zeichnen lernte, die sein Werk hoch über den Durchschnitt der deutschen Romanliteratur des 18. Jahrhunderts erhob.

Aber auch Shakespeares Kenntnis des Hoflebens, mit dessen Intrigen, Machinationen und Kabalen Wieland als interessierter und aufmerksamer Beobachter der damaligen deutschen Höfe vertraut genug und zu deren Zielscheibe er im republikanischen Biberach selbst geworden war, muß ihn tief beeindruckt haben. Darum betont er im *Agathon,* daß jeder, der sich in die Welt der Herrscherhöfe hinausbegebe, auf alles gefaßt sein müsse, denn wenn "gleich alle Weisheit eines . . . Entwurfs ihm für den Ausgang nicht Gewähr leisten kann, so bleibt ihm doch der tröstende Gedanke: alles gethan zu haben, was ihn, ohne die Zufälle, die er entweder nicht vorsehen oder nicht hintertreiben konnte, des glücklichen Erfolgs sichern mußte." (ebda., S. 40–41)

So spricht einer, der die Macht der Umstände und die Bedeutung des Zufalls nicht weniger gut einzuschätzen weiß als die der "Staatskunst" und "Lebenskunst," die sich aus Machiavellis Staatslehre heraus entwickelt hatten und deren Beitrag zur Menschenkenntnis und zum psychologischen Feingefühl des 18. Jahrhunderts kaum geringer zu veranschlagen ist, als die introspektive Praxis der

---

25 Wolff, ebda., S. 209.
26 Schindler-Hürlimann, a.a.O., S. 9.

Pietisten.[27] Wielands Dichtung spiegelt all diese Erfahrungen deutlich wieder, macht zugleich aber auch erkenntlich, wie sich gerade seine Auffassung vom Zufall mit den Jahren in einer Weise ändert, die für den spöttelnden Ton der ersten Fassung des *Agathon* schließlich keinen Raum mehr übrigläßt. So erklärt etwa der Held im *Peregrinus Proteus* (1791), er wäre "beinahe versucht," eines der denkwürdigeren Ereignisse seines Lebens "eher für das Werk meines guten Genius zu halten, oder wenigstens in die Zahl der unerklärlichen Zufälle zu setzen, durch welche wir, indem wir bloß als blinde Werkzeuge einer mechanisch auf uns wirkenden Ursache handeln, von irgend einem großen Uebel befreit oder irgend eines großen Gutes theilhaftig werden; Zufälle, wovon jeder Mensch ... auffallende Beispiele aus seiner eigenen Erfahrung anzuführen hat." (W. 17, S. 40)

Ob Wieland im Alter tatsächlich an einen Zusammenhang mit metaphysischen Mächten glaubte, wird sich aus solchen Stellen zwar nie mit Sicherheit belegen lassen. Es liegen jedoch genügend Hinweise dafür vor, daß er später noch den Zufall in Beziehung nicht nur zu einzelmenschlichen, sondern zu den Schicksalen ganzer Völker sah. Im zweiten seiner *Gespräche unter vier Augen* (1798) z.B., wo er die Rechte der Regenten gegen ihre Pflichten den Untertanen gegenüber abwägt, behauptet er, die Herrscher hätten darauf zu achten, daß die Beherrschten den Gesetzen den nötigen Gehorsam erwiesen. Außerdem seien sie aber "aus moralischen sowohl als auch aus staatsklugen Beweggründen ... verbunden ... noch mehr zu thun." Aber "dieses Mehr hängt zu sehr von zufälligen Bedingungen und vornehmlich von dem, was dem Regenten unter den gegebenen Umständen zu thun möglich ist, ab, als daß es ... in Betrachtung käme." (*Ueber den Neufränkischen Staatseid: "Haß dem Königthum!,"* W. 32, S. 45) Im *Aristipp* schließlich wird der Zufall als etwas bezeichnet, was "bei allen menschlichen Dingen doch immer das Beste thun muß" (*Aristipp* II, W. 23, S. 36).

Dieser Glaube Wielands an den Zufall als eine Macht, die das Menschenschicksal entscheidend mitbeeinflußt, ist ein Grundelement seines Weltbildes und deutet zugleich die mannigfaltigen Berührungspunkte zwischen der noch immer vorwiegend religiösen Vorstellungswelt des Barocks und jener der säkularisierten deutschen Aufklärung an,[28] deren Anschauungen ja letzten Endes über die Renaissance auf antikes Gedankengut zurückgreifen.[29] Und bei keinem anderen deutschen Dichter der Zeit haben alle diese Elemente einen greifbareren Niederschlag gefunden als gerade bei Wieland, der besonders im zweiten Teil des

---

27 Darauf verweist W. Hofter, *Das System des Illuminatenordens*, S. 14 u. 252ff.
28 So Kind, a.a.O., S. 169, Anm. 53.
29 J. Mackie hebt in "The Social Background of Epicureanism" die "recognition of the part played by chance in human affairs" im Zeitalter Epikurs hervor, das ja gerade auch Wieland stark faszinierte. (*AJP*, 26, 1948, S. 197)

Aristipp bei einem Vergleich zwischen der Hetäre Lais und ihrem thessalischen Verehrer Pausanias die ganze Komplexität der Freiheitsproblematik berührt, indem er die Gründe für die Andersartigkeit zweier wesensverwandter Menschen erläutert. Beide seien mit ähnlichen Naturgaben ausgestattet und besäßen die gleichen Leidenschaften, Fehler und Unarten. Was sie aber dennoch voneinander unterscheide, "(außer dem, was auf Rechnung der Verschiedenheit des Geschlechtes kommt) machte die Erziehung und das Glück. In ihr wurden alle Naturanlagen von früher Jugend an entwickelt, bearbeitet, und durch einen seltnen Zusammenschluß glücklicher Umstände ausgebildet, abgeglättet, und gleichsam mit einem glänzenden Firniß überzogen: da die seinigen hingegen, aus Mangel an gehöriger Cultur und günstigen Glücksumständen, einen großen Theil von der . . . Rohheit behalten mußten, wodurch sich die Thessalier . . . von andern . . . Griechen nicht zu ihrem Vortheil auszeichnen."[30]

Bevor die bereits weiter oben erwähnte Rolle der Erziehung als eines Schicksalsfaktors erörtert wird, sollte doch wohl die Frage nach dem beantwortet werden, was Wieland unter "Schicksal" versteht, einem Begriff, der ja im Barock ebenfalls stark im Vordergrund gestanden hatte. – In der *Lustreise ins Elysium* (1787) beschäftigt sich Wieland u.a. mit der Theorie des Gesellschaftsvertrags, die seinen demokratisch gesinnten Zeitgenossen viele ihrer verfassungstechnischen Argumente lieferte. Er selbst stand ihr darum mit erheblicher Skepsis gegenüber, weil sie von der Annahme einer ursprünglichen Übereinkunft zwischen Herrschern und Beherrschten ausging. Diese hielt er weder für eine überzeugende Erklärung des Ursprungs gesellschaftlichen Zusammenlebens, noch eine Berufung auf sie für die Garantie gesicherter politischer Verhältnisse. Er bezweifelte, daß ein "eigenmächtiger Monarch" sich je durch "papierene Schranken" gebunden fühlen könnte: "Nichts als eine eiserne Nothwendigkeit setzt Schranken . . . Sie ist das erste und größte Naturgesetz, und das einzige das nie übertreten wird, weil es nicht übertreten werden kann." (W. 31, S. 419) Zwei Jahre später erklärt er im vierten seiner *Göttergespräche,* die "Nothwendigkeit" sei "das höchste Gesetz der Götter und Sterblichen" (W. 27, S. 329), während die *Gespräche unter vier Augen* sowohl den Vermerk enthalten, daß "es nicht immer von uns abhängt, wo wir stehen wollen, sondern meistens die Nothwendigkeit . . . uns unsern Posten anweist" (*Ueber den Neufränkischen Staatseid . . . ,*" W. 32, S. 34), als auch die Behauptung, daß es "das zermalmende Schwungrad der Zeit" sei, was die Geschicke der Menschheit vorantreibe (*Blicke in die Zukunft,* ebda., S. 263).

Obwohl Wieland sich hier jenes uralten Gleichnisses vom Rade der Zeit bedient, das seit der Gegenreformation die Gemüter in Deutschland und

---

[30] W. 23, S. 410–411. – Viel Aufmerksamkeit widmet Schindler-Hürlimann der Bedeutung der Umwelteinflüsse bei Wieland, nur verliert ihre Behauptung, daß das "besondere an Agathon . . . nicht . . . Veranlagung, sondern anerzogen" sei, außerhalb des betreffenden Romans vieles von seiner Gültigkeit (a.a.O., S. 135–136).

anderswo so stark beschäftigt hatte, dürfen die Unterschiede nicht übersehen werden, die seinem Verständnis bei Wieland anhaften. Die "Nothwendigkeit" und das Schicksal sind demnach keine Mächte, vor denen der Mensch widerstandslos kapituliert. Wieland ist kein Fatalist, glaubt vielmehr, daß das Schicksal immer dann, wenn es dem Menschen Schläge erteilt, dessen Selbsterhaltungstrieb wachruft, den Einzelnen zum Widerstand herausfordert — selbst dann, wenn ein solcher aussichtslos ist. Mit dieser Auffassung beruft er sich auf das Altertum: "... was war denn der Begriff, den sich die Alten von diesem Schicksal machten? ... gewiß kein andrer als eben derselbe, den wir ... mit diesem ... Worte verbinden — nämlich der Begriff des allgemeinen Zusammenhangs aller Dinge und Ereignisse ... insofern als er nothwendig, von dem Verstand und Willen der Sterblichen unabhängig, und ... darum unbegreiflich ist; ... der gerade deßwegen, weil von dem Unerklärlichen und außer unsrer Vorsicht und Willkür Liegenden ... so häufig das Glück oder Unglück einzelner Menschen und ganzer Völker abhängt, ein dunkles Gefühl in uns erregt, daß etwas Göttliches in ihm sey, daß er das Werk einer ... Macht sey, welche zu hoch über uns throne, als daß es solch schwachen und beschränkten Wesen, wie wir Sterblichen, möglich und ziemlich seyn könnte, sie zu fragen: was machst du? Aber daraus, daß dieses Schicksal unerforschlich ist, folgt keineswegs, daß es auch blind sey, oder von den Griechen für blind gehalten worden wäre ... Gesetzt aber auch, sie hätten sich das Schicksal wirklich blind ... und ... auf das sittliche Verhalten der ... Menschen ... keine Rücksicht nehmend gedacht ... so ist doch ganz irrig, wenn behauptet wird, die ... Alten hätten die Helden und Heldinnen ... als bloße Automaten und blinde Werkzeuge ... dargestellt ... Daß ihre Helden nicht wie Rasende gegen die allmächtige Nothwendigkeit anrannen, wird ihnen wohl niemand zum Vorwurf machen wollen; aber überall sehen wir sie ... mit ihrem Schicksal ringen, und ... alles anwenden ... um über ihr widriges Glück Meister zu werden, oder ... wenigstens edel und anständig zu fallen." (*Schicksalstragödie* [1803], W. 36, S. 76—77)

Die Antike diente Wieland hauptsächlich als ein Hintergrund, vor dem er zeitkritische Betrachtungen anstellen konnte, ohne sich dem Vorwurf der Parteilichkeit auszusetzen. Darum kam es ihm auf eine historisch genaue Darstellung dieses Hintergrundes wenig an.[31] Somit ist es für unsere Untersuchung unerheblich, ob er in dem obigen Aufsatz etwa dem Schicksalsbegriff der "Alten" gerecht wird oder nicht. Wichtig ist vielmehr, daß er das Schicksal als einen Ansporn zum Widerstand, zum tatkräftigen Handeln auffaßt. Selbst

---

31 Darin kann sowohl Schindler-Hürlimann, a.a.O., S. 24—25, als auch Kind, a.a.O., S. 164 zugestimmt werden, die beide auf den auf die eigene Zeit bezogenen, symbolhaften Charakter der Wielandischen Antike hinweisen, in deren Darstellung sich gleichzeitig des Dichters geschichtlicher Wissensreichtum offenbare. Eine Ausnahme dazu mag allerdings, Sengle zufolge (a.a.O., S. 503ff.), der *Aristipp* darstellen, dessen "Geschichtsinhalte über ihre symbolische Funktion hinaus Eigeninteresse und Eigenwert gewinnen" (S. 504).

dort noch, wo ein unpersönliches Geschehen im Sinne eines Weltenlaufs waltet, das Wieland als "Vorsicht" zu bezeichnen pflegt, überrollt es den Menschen seiner Ansicht nach nicht einfach, sondern dieser greift — wenn auch oft ohne Aussicht auf Erfolg — mit allen Kräften in seinen Ablauf ein.

Darum drückt Wieland zu einer Zeit, da nicht nur in Frankreich die politischen Leidenschaften toben, die Hoffnung aus: "Möge . . . irgend eine zu unserm Besten thätige Macht zur Stärkung unsers Glaubens uns zu einem Beispiele machen, daß in den menschlichen Angelegenheiten der unwahrscheinlichste Ausgang zuweilen gerade derjenige ist, den die Vorsicht herbeiführt, um die . . . Pläne der Sterblichen zu vereiteln, und uns zu lehren, daß die Guten und Bösen, die Klugen und Unklugen, die Gewaltigen und die Schwachen . . . am Ende doch nur blinde Werkzeuge sind, die den unaufhaltbaren großen Zweck einer höhern Weisheit auch wider ihren Willen befördern müssen!" (*Ueber Deutschen Patriotismus* [1793], W. 31, S. 258—259)

Diese und ähnliche Stellen[32] lassen erkennen, daß Wieland *erstens* das Verständnisvermögen der Menschen mit Bezug auf den tieferen Sinn des Schicksals nicht sehr hoch veranschlagte, insofern er selbst in den "Guten," "Klugen" und "Gewaltigen" lediglich "blinde Werkzeuge . . . einer höhern Weisheit" sah; *zweitens* aber, daß er zwar grundsätzlich mit der Vorstellung von dieser besten aller möglichen Welten übereinstimmt, aber im Vergleich zu Lessing etwa daran zu zweifeln scheint, daß sich der Vorteil des Einzelnen ohne weiteres mit dem "unaufhaltsamen großen Zweck" des Weltenlaufs vereinen läßt.

Daß Lessings Übersetzung von der "allgemeinen Wirkung des Guten"[33] in unserer "besten Welt"[34] gerade dieser zweiten Einschränkung nicht unterliegt, beweist sein Kommentar zu *Jerusalems philosophischen Aufsätzen*. Ihm zufolge sei "Freyheit . . . wenn es Etwas ist" ein Besitz, den "wir nicht brauchen," weil es vielmehr "Zwang und Nothwendigkeit" seien, "nach welchen die Vorstellung des Besten wirket." Darum danke er "dem Schöpfer" dafür, daß er *"muß; das Beste muß."*[35] — Eher schon läßt sich Wielands Standpunkt mit dem Schillers vergleichen, dessen Ansicht nach "der selbstsüchtige Mensch niedrige Zwecke zwar verfolgen kann, aber unbewußt vortreffliche befördert,"[36] dessen Beitrag zum "Besten" aus diesem Grunde auch in keiner unmittelbaren Beziehung mehr

---

32 Wie z.B. in einem der *Gespräche unter vier Augen:* "Wollte . . . ein . . . Genius den Nebel von den Augen der Völker und ihrer Hirten treiben, so würden sie sehen, daß . . . es . . . ebenso sehr ihr Interesse als ihre Pflicht ist, anstatt dem großen Werk des Schicksals vergebens entgegen zu streben, es vielmehr zu fördern . . . daß alles Gute, was . . . entwickelt werden kann, wirklich zu Stande komme." (*Würdigung der Neufränkischen Republik aus zweierlei Gesichtspunkten,* W. 32, S. 170)
33 Lessing, *Hamburgische Dramaturgie,* 34. Stück, Lachmann, Bd. 9, S. 325.
34 Lessing, *Die Erziehung des Menschengeschlechts, Vorbericht des Herausgebers,* ebda., Bd. 13, S. 415.
35 Lessing, *Jerusalems philosophische Aufsätze, Kommentar,* ebda., Bd. 12, S. 298.
36 Schiller, *Etwas über die erste Menschengesellschaft,* Werke, Herausg. Fricke u. Göpfert, Bd. 4, S. 766.

zum Glauben daran oder zur guten Absicht dazu steht. So erklärt es sich, daß Schiller trotz seines Idealismus ein ungezwungeneres Verhältnis zum Tragischen besitzt als Lessing, obwohl Lessings Kunst groß genug ist, um zumindest in der *Emilia Galotti* über die enge Problemstellung der bürgerlichen Tragödie hinaus an die Schwelle echter Tragik vorzustoßen.[37] Wielands *Cyrus* und *Lady Johanna Gray* hingegen zeigen, daß ihr Dichter nach Anlage und Weltbild ein Epiker ist.

Müßig wäre es, wollte man fragen, welches von beiden — Anlage oder Weltbild — dabei eine größere Rolle spielen. So viel allerdings kann gesagt werden, daß Wielands Annahme einer "höhern Weisheit" und "Vorsicht" nicht in der Vorstellung ihres Wirkens zum Besten der Menschheit gründet. Das Beste dieser Welt hat mit unseren Wünschen und Absichten nichts zu tun, das "göttliche Schicksal" strebt keinem nach menschlichem Ermessen *guten* Ziele zu, und Zufälligkeiten dürfen uns darüber nicht hinwegtäuschen. Vielmehr ist diese Welt die beste darum, weil ihre Einrichtung einen vollkommen-gesetzmäßigen Charakter aufweist, in ihrem Ablauf alles harmonisch ineinandergreift, auch wenn uns der höhere Zweck des Ganzen verborgen bleibt. Archytas nennt dieses Ganze das "unermeßliche Weltall." Dieses sei "nicht das Werk eines blinden Ungefährs oder mechanisch wirkender plastischer Formen ... sondern die sichtbare Darstellung der Ideen eines unbegränzten Verstandes, die ewige Wirkung einer ewigen geistigen Urkraft, aus welcher alle Kräfte ihr Wesen ziehen" (*Agathon* III, W. 6, S. 313).

Wenn es etwas gibt, was an der "Lebensweisheit des Archytas" auf den Einfluß Kants hindeutet, so ist es eher Wielands Forderung nach der Unterwerfung des Menschen unter die Herrschaft der Vernunft, als die Anschauung von der Welt als dem Werk "eines unbegränzten Verstandes." Diese nämlich gehört zum Gedankengut der Aufklärung und ihres im Humanismus und der Antike vorgeprägten Gesichtskreises schlechthin. Inwiefern Wieland mit ihr unmittelbar auf die Vorstellungen des Altertums zurückgriff, ist nicht entscheidend,[38] ließe sich auch gar nicht bestimmen. Wichtiger ist es, daß er dieses Geistesgut seinen eigenen Auffassungen entsprechend zu formen vermochte.

Das erkennen wir an seiner Betrachtung des Verhältnisses zwischen Gut und Böse in einer Welt, die nach den Plänen einer Übervernunft erschaffen worden ist, auf des Menschen Wünsche keine Rücksicht nimmt und doch die "beste" genannt zu werden verdient. "Das beste," schreibt Wieland 1775, "kann Schaden thun, und das schlimmste ist zu etwas gut" (*Unterredungen mit dem Pfarrer von ***, W. 21, S. 196). Seine Behauptung, ". . . nichts wirklich Gutes, nichts in sich

---

[37] Benno v. Wiese bemerkt daher: ". . . wenn auch Lessing mit der 'Emilia Galotti' die erste, groß gesehene 'bürgerliche Tragödie' gelingt . . . so führte doch sein weiterer Weg zu einer Auflösung des tragischen Problems . . ." (*Die deutsche Tragödie von Lessing bis Hebbel,* S. 40)

[38] Eine ausgezeichnete Zusammenfassung dieser Vorstellungen gibt J. Harward, "The Early Stoics," *AJPP,* 8, 1930, S. 280ff.

selbst Bestehendes, kann zertrümmert werden. Während das Böse sich selbst zerstört, wird das Gute sich durch eigne Kraft aus den Trümmern emporarbeiten . . ." (*Was ist zu thun?*, [1798], W. 32, S. 96), gibt zwar keinen Aufschluß darüber, was denn eigentlich unter Gut und Böse zu verstehen sei. Immerhin aber drückt sie eine Haltung aus, die es ihm erlaubt, den Krieg z.B. — wenn auch nur unter Vorbehalten — gutzuheißen: dann nämlich, wenn "eine starke Verblutung einem Staate, so wie gewissen menschlichen Körpern, heilsam ist" (*Aristipp* I, W. 22, S. 259). Ähnliche Äusserungen anderswo[39] enthüllen eine diesbezügliche Verwandtschaft zwischen ihm und Kant,[40] die bisher übersehen worden ist, weil man glaubte, Kants Moralphilosophie ließe keinen Raum für die Anerkennung des Krieges.[41]

Doch sind derartige Gemeinsamkeiten eher zufälliger Art, denn während Kants Ansichten streng logisch begründet werden, sind die Wielands weitgehend praktischer Natur. Hippias z.B., der ja Wieland selbst zufolge "nicht immer unrecht" hat, meint im *Agathon*, die "Begriffe von Tugend und Laster gründen sich . . . einestheils auf den Vertrag, den eine gewisse Gesellschaft unter sich gemacht hat . . . anderntheils auf dasjenige, was einem jeden Volke nützlich oder schädlich ist . . . Daher diese unendliche Verschiedenheit des Rechts oder Unrechts unter polizirten Nationen; daher der Contrast der Moral der glühenden Zonen mit der Moral der kalten Länder . . . daher endlich die Albernheit der Moralisten, welche . . . bestimmen, was für alle Nationen recht sey, ehe sie . . . gefunden haben, wie . . . ebendasselbe für alle Nationen gleich nützlich sey." (*Agathon* I, W. 4, S. 117—118)

Trotz seiner Triftigkeit darf der krasse Utilitarismus und Relativismus des Hippias nicht mit der Ansicht seines Dichters verwechselt werden. Wohl neigte Wieland ebenfalls zur Relativierung aller Werte und leitete die Berechtigung dazu aus der Überzeugung ab, daß es sub specie aeternitatis keinen Unterschied zwischen Gut und Böse geben könne. Ein solcher sei vielmehr das Ergebnis des beschränkten menschlichen Vorstellungsvermögens, das die wahre Einrichtung dieser Welt nur bruchstückhaft zu erfassen imstande sei. Dennoch relativierte er nicht so grob wie sein Hippias, dessen extremer Standpunkt uns das andere Extrem der naiv-idealistischen Anschauungen des jungen Agathon verdeutlichen

---

[39] z.B. in dem Aufsatz *Ueber die Behauptung, daß ungehemmte Ausbildung der menschlichen Gattung nachtheilig sey*, W. 29, S. 314: "Ohne . . . die unzähligen Collisionen . . . der Menschen würden die edelsten Fähigkeiten unserer Natur ewig im Keim eingewickelt schlummern."

[40] "Kant's opinion" besteht für Stark beispielsweise darin, "that there has never been a good war or a bad peace" (a.a.O., S. XVIII). Demgegenüber beruft sich Jaspers auf Kant selber, der im Krieg den "Sinn einer Naturabsicht" erkannt und geschrieben habe: " 'Der Krieg, ein so großes Übel er auch ist, ist zugleich die Triebfeder, aus dem rohen Naturzustand in den bürgerlichen überzugehen' " (*Plato, Augustin, Kant*, S. 335ff.).

[41] "Jene falsche Folgerung gegen Kant", erklärt Jaspers ebda., "ist nur möglich, wenn seine spekulative Ergründung der Naturabsicht verwechselt wird mit Erkenntnissen, die als Mittel zur Anwendung in der Hand des planenden Menschen werden können."

soll. Wielands eigene Meinung findet sich eher schon in Aristipps Worten: "Vor allen Dingen also wollen wir uns erinnern, daß die Wörter gut und böse ... immer von solchen Gegenständen gebraucht werden, welche ... uns ... gut oder böse sind. Alles was ist, mag an sich sehr gut seyn; aber das braucht uns nicht zu kümmern, denn es kann uns nichts helfen ... Die Frage, 'was ist für den Menschen gut oder böse,' ist also immer eine ... Aufgabe, bei deren Lösung das meiste auf Ort, Zeit und Umstände ankommt." (*Aristipp* I, W. 22, S. 386)

Zweifellos ist Aristipps Ansicht ebenfalls menschheitsbezogen, "anthropologisch,"[42] wirkt aber dennoch positiver als die Hippias', weil ihr nicht jener zynische, ironische Ton anhaftet, der den Egoismus dieses "Sophisten" kennzeichnet. Wenn Hippias vom Volk, von Nationen spricht, dann meint er vor allem sich selber, und wenn er über die Nützlichkeit redet, dann ist damit in erster Linie die Nützlichkeit der Dinge für seine eigene Person gemeint. Demgegenüber bezieht sich das Wort "uns" bei dem alten Wieland des *Aristipp* zwar auf kein Abstraktum, nicht auf den Menschen an sich im Sinne einer rationalen Gedankenkonstruktion; es bedeutet aber doch die Menschheit als Summe aller Einzelnen und ihrer lebendigen Gemeinwesen, deren Eigenheiten und Bedürfnisse bei aller Verschiedenheit doch auch vieles miteinander gemein haben. Die Aufgabe der "Moralisten" besteht mithin darin, Gesetze aufzustellen, die beiden Tatsachen Rechnung tragen.

Hierin bestehen gewisse Ähnlichkeiten zwischen Wieland und Shaftesbury, wenngleich die Akzente bei jedem anders gesetzt werden. Wieland nämlich behauptet: ein Ding mag "an sich sehr gut seyn." Ist es aber dennoch böse für uns, so müssen wir es in Ermangelung objektiver Wertmaßstäbe als solches ablehnen. Shaftesbury dagegen behauptet: ". . . if any being be wholly and really ill, it must be ill with respect to the universal system; and then the system of the universe is ill or imperfect. But if the ill ... makes still to the good of the ... system ... then is the ill ... no real ill in itself . . ."[43] — Das heißt, was auch immer in seiner Beziehung auf uns gut oder böse ist: im Grunde müssen wir es bejahen, weil es durch seinen Bestand zur Vollkommenheit des Universums beiträgt und somit im Grunde "gut" ist.

Allerdings ist die Kluft, die Wieland darin von Kant trennt, viel tiefer als solche z.T. nicht unerheblichen Unterschiede zwischen Hippias und Aristipp einerseits und die geringeren zwischen Wieland und Shaftesbury anderseits. Denn in Kants Morallehre gibt es keine Wertmaßstäbe "Gut" und "Böse," bei denen — wie bei Wieland — "das meiste auf Ort, Zeit und Umstände ankommt," die also einer empirischen, gefühlsmäßig-subjektiven Bestimmung unterliegen. Derartige Maßstäbe bezeichnet Kant in der *Kritik der praktischen Vernunft* mit den

---

42 So H. Würzner, *Christoph Martin Wieland — Versuch einer politischen Deutung,* Diss. Heidelberg, S. 22.
43 *Characteristicks of Men, Manners, Opinions, Times,* London 1837, Bd. II, S. 246.

Worten *"Wohl oder Übel,"* und sie bedeuten "nur eine Beziehung auf unseren Zustand der *Annehmlichkeit* oder *Unannehmlichkeit,* des Vergnügens und Schmerzens, und wenn wir darum ein Object begehren oder verabscheuen, so geschieht es nur, so fern es auf unsre Sinnlichkeit und das Gefühl der Lust und Unlust, das es bewirkt, bezogen wird. Das *Gute* oder *Böse* bedeutet aber jederzeit eine Beziehung auf den *Willen,* so fern dieser durchs *Vernunftgesetz* bestimmt wird . . . Das Gute oder Böse wird also eigentlich auf Handlungen, nicht auf den Empfindungszustand der Person bezogen, und sollte etwas schlechthin . . . gut oder böse sein . . . so würde es nur die Handlungsart, die Maxime des Willens und mithin die . . . Person selbst . . . nicht aber eine Sache sein."[44]

Der freie Wille kann bei Kant darum weder durch das "Gute" noch durch das "Böse" bestimmt werden, weil er autonom ist. Nur wenn diese Begriffe so gebraucht werden, daß ihnen kein sinnlicher Gehalt anhaftet, sind sie für Kants Morallehre von Bedeutung. Denn nur dann sind die "Objecte einer praktischen Vernunft . . . die vom *Guten* und *Bösen.* Denn durch das erstere versteht man einen nothwendigen Gegenstand des Begehrungs-, durch das zweite des Verabscheuungsvermögens, beides aber nach einem Princip der Vernunft."[45] Somit muß das, was "wir gut nennen sollen . . . in jedes vernünftigen Menschen Urtheil ein Gegenstand des Begehrungsvermögens sein, und das Böse in den Augen von jedermann ein Gegenstand des Abscheues; mithin bedarf es außer dem Sinne zu dieser Beurtheilung noch Vernunft."[46]

Derartige Schlußfolgerungen zwingen Kant zur Verurteilung der Inkonsequenz der Empiriker unter den Moralphilosophen: ". . . sie suchten einen Gegenstand des Willens auf, um ihn zur Materie und dem Grunde ihres Gesetzes zu machen . . . anstatt daß sie zuerst nach einem Gesetze hätten forschen sollen, das a priori und unmittelbar den Willen und diesem gemäß allererst den Gegenstand bestimmte."[47] — Die Faszination der Kantischen Philosophie für Wieland ändert also, trotz verbaler Ähnlichkeiten, einer vergleichbaren moralischen Absicht und bei allen wörtlichen Übereinstimmungen nichts an der Andersartigkeit seiner eigenen Weltanschauung. Ihre Wurzel war der Empirismus, als dessen "Gipfel und Vollender" Kant zwar gelten darf; seine wirkliche Bedeutung liegt aber darin, daß er der eigentliche "Überwinder der Aufklärung" und darum der "schlechthin Unumgängliche" ist, der an der Schwelle einer neuen Geistesepoche steht.[48]

Als Empiriker müßte Wieland die Freiheit des Willens und der Handlung eigentlich leugnen, was ja auch behauptet worden ist (vgl. Anm. 24). Doch schon

---

[44] a.a.O., S. 60.
[45] ebda., S. 58.
[46] ebda., S. 60—61.
[47] ebda., S. 64.
[48] Jaspers, a.a.O., S. 394 u.398.

an Lessing erweist es sich, daß "Determinismus"[49] und Freiheitsglaube einander keineswegs auszuschließen brauchen. Im *Nathan* heißt es: "Kein Mensch muß müssen,"[50] während bei Wieland, der ja genau wie Lessing die Selbstvervollkommnung des Menschen fordert, bereits Agathon auf "einen Unterschied zwischen einem mechanischen Triebe, der nicht gänzlich von mir abhängt, und dem Willen meiner Seele" aufmerksam macht (*Agathon* I, W. 4, S. 113). Doch sollten wir dies nicht ernster nehmen, als Wieland selbst es gemeint haben dürfte. Obwohl nämlich der "Wille der Seele . . . bei Agathon ungeheuer stark" ist, weil er "durch die Schwärmerei, durch die Stärke seiner Einbildungskraft . . . gestützt" wird,[51] spiegelt er doch eher die Begeisterungsfähigkeit eines wenig erfahrenen, jungen Idealisten, als die im Lebenskampf bewährte Überzeugung eines mit Menschen und Welt vertrauten reifen Mannes. Auch gehört Agathon nicht zu jenen, die aus ihren Erfahrungen gleich die entsprechenden Lehren zu ziehen pflegen. Das wird ihm später beinahe zum Verhängnis, als er in Syrakus wegen seiner fruchtlosen Bemühungen um eine Reform des dortigen Hofes und Bekehrung seines Tyrannen in den Kerker kommt. Hippias vermutet, daß sein Freund nun endlich ernüchtert worden ist. Dieser hingegen räumt ein, daß "man nicht alles kann was man will," kann aber die Aussichtslosigkeit seines Unterfangens nach wie vor nicht einsehen. Es bleibt Hippias also nichts weiter übrig, als ihm mit einem "schalkhaft mitleidigen Lächeln" zu erklären: "Mein lieber Agathon . . . man kann alles was man will, sobald man nichts will als was man kann" (*Agathon* III [1794], W. 6, S. 113ff.).

Wenn dies eine bloße "Sophisterey" ist, dann ist es umso bemerkenswerter, daß sie auch anderswo bei Wieland immer wieder ausgesprochen wird. Im ersten seiner *Göttergespräche* z.b. läßt er Jupiter behaupten: "Ich kann alles was ich will, weil ich nichts will als was ich kann" ([1789], W. 27, S. 294), und in dem *Patriotischen Beitrag zu Deutschlands höchstem Flor* (1780) erklärt er: "Kein Mensch kann Alles, was er will, es sey denn, daß er weise genug ist, nichts zu wollen, als was er kann." (W. 30, S. 362) Am eingehendsten befaßt er sich mit diesem Problem im *Demetrius* (1787): "Folgen müssen wir alle," bemerkt er dort, "gern oder ungern; der große Punkt, worin sich der Weise und Gute von dem Thoren unterscheidet, ist, daß sich dieser ungern, murrend und vergebens widerstrebend, jener hingegen willig, als aus eigner freier Bewegung und Zusammenstimmung mit der Natur, dem großen Gesetze der Nothwendigkeit

---

[49] Dieser Terminus hat sich unter den Kritikern Lessings weitgehend eingebürgert. Vgl. A. Stahr, *G. E. Lessing*, S. 196ff.; W. Dilthey, *Das Erlebnis und die Dichtung*, S. 96ff.; sowie O. Mann, *Lessing*, S. 286, der von Lessings "Hinneigung zum Determinismus" spricht, eine Modifikation, der man beipflichten darf.

[50] Lessing, *Nathan der Weise*, a.a.O., Bd. 3, I, 3, Z. 385. − O. Mann, a.a.O., S. 286, bemerkt dementsprechend, für Lessing gäbe es "nur Freiheit in Gott . . . Freiheit in Gott aber ist Gebundenheit durch Gott."

[51] Schindler-Hürlimann, a.a.O., S. 98−99.

unterwirft: und der Grund dieses Unterschieds liegt darin, daß der Weise und Gute überzeugt ist, daß dieses Gesetz die . . . Bedingung der allgemeinen Ordnung und Vollkommenheit des Ganzen, folglich auch die einzig sichere Grundlage und Gewähr unsers eigenen . . . Wohlseyns ist" (W. 35, S. 119). Und doch hat Wieland seinen endgültigen Standpunkt damit noch nicht erreicht, denn in demselben Jahrzehnt macht sich bei ihm, vielleicht schon angeregt durch die Kantische Philosophie, eine größere Entschlossenheit bemerkbar. "Die Umstände machen," schreibt er 1781, ". . . bald daß ein Mensch scheint, was er nicht ist — bald daß das wirklich sichtbar und fühlbar wird, was er ist; aber der edle und gute Mensch ist und bleibt unter allen Umständen edel und gut." (*Athenion, genannt Aristion,* W. 30, S. 347) Demnach scheint die Macht der Umstände für ihn vieles von ihrer Unüberwindlichkeit eingebüßt zu haben. Zwar bekennt er sich nun weniger zur Handlungs- als zur Willensfreiheit, doch beginnt seine Selbstbescheidung trotzdem einer positiveren Einstellung Platz zu machen. Daran ändern selbst Worte nichts wie: "Man räsonnirt nicht mit einem Erdbeben, einem Orkan, einer . . . Wasserfluth, und die Vernunft . . . weicht der Gewalt, wenn sie ihr keine stärkere entgegenzusetzen hat" (*Worte zur rechten Zeit* [1793], W. 31, S. 296), weil er im gleichen Aufsatz hinzufügt: "moralisch gut seyn, hängt lediglich davon ab, daß man es ernstlich seyn wolle" (ebda., S. 318).

Fast möchte es scheinen, als hätte Wieland noch im Alter den Weg zu Kant gefunden. So behauptet sein Agathodämon etwa, "daß das, was die Würde unserer Natur ausmacht, in der Selbstbewegung unsres Willens bestehe, welche zwar zufälliger Weise gehemmt und gebunden, aber nicht verloren gehen könne" (W. 18, S. 75). Man darf allerdings nicht vergessen, daß sowohl die Stoiker als auch Shaftesbury dem Wortlaute nach ähnliche Ansichten vertraten.[52] Enthält die Feststellung Agathons aber tatsächlich fremdes Gedankengut Kantischer Herkunft, so ist zu vermerken, daß auch sie lediglich eine Übergangsstufe andeutet, von der Wieland später noch zu einer seinen Vorstellungen der Reifejahre verwandteren Auffassung zurückfand. Ihr begegnen wir beispielsweise im *Aristipp,* wo er schreibt: ". . . ein Wille, der zu allen Zeiten jeder Versuchung, jeder Leidenschaft und jeder Gewohnheit siegreich zu widerstehen vermag, setzt eine große erhabene Natur voraus, und kann nicht das Antheil gewöhnlicher Menschen seyn . . . niemand ist schuldig ein Held zu seyn, und hört er auf es zu seyn . . . was können wir dazu sagen, als daß ihn seine Kraft verlassen habe? . . . Du wirst mir einwenden, die Rede sey nicht von moralischen Heldenthaten, sondern von dem, wozu jeder Mensch verbunden ist . . . und ich — werde wiederholen müssen . . . : die Vernunft fordert beides, aber nur von vernünftigen Wesen." (*Aristipp* III, W. 24, S. 226)

---

52 Vgl. u.a. E. Cassirer, *The Platonic Renaissance in England,* S. 187.

Mit der Gegenüberstellung von "vernünftigen Wesen" mit "gewöhnlichen Menschen" setzt sich Wieland bewußt von der Kantischen Ethik ab, die im Kategorischen Imperativ mündet, weil sie alle Menschen unter die Vernunftwesen zählt. Dagegen sind für Wieland nicht alle Menschen vernünftig. Im Gegenteil: die überwiegende Mehrheit hält er für unvernünftig, woraus sich für seine sittlichen Maßstäbe ebenso weitreichende Konsequenzen ergeben wie für seine gesellschaftlich-politischen Ansichten.

Wie aber erklärt sich der Widerspruch zwischen der obigen Behauptung und jener, derzufolge der Mensch "ein vernünftiges, sich selbst durch den Gebrauch seiner Vernunft bestimmendes Wesen, folglich eine freie Person" ist? Vermutlich so, daß bei Wieland das Adjektiv "vernünftig" nicht immer im gleichen Sinne verstanden werden darf. Das zeugt gewiß von einem Mangel an terminologischer Präzision. Doch brauchen wir uns darüber bei Wieland, der ja nie systematisch zu philosophieren vorgab, nicht aufzuhalten, weil man sogar bei viel strengeren Denkern, Kant und Schiller nicht ausgeschlossen, auf überraschende Ungenauigkeiten stößt.[53]

Bei Wieland bedeutet "vernünftig" einerseits nicht mehr als "mit (einem) Vernunft(instinkt) ausgestattet," andererseits "vernunftgemäß handelnd" und "vernünftig lebend." Nur ist zuzugeben, daß der junge Wieland derartige Unterschiede noch nicht kennt. 1754 etwa, da er gerade erst nach einer seinem eigenen Wesen gemäßen Weltanschauung zu tasten beginnt, schreibt er: "Wenn wir ... den Menschen in seiner ... Anlage ... betrachten, so finden wir, daß der Schöpfer ... in ihm allein einen herrlichern Beweis von seinem göttlichen Verstande und der Hoheit seiner Ideen dargestellt hat, als in der ganzen übrigen ... Natur. Ihm allein hat er von dem allesbelebenden Geiste ein ... reiches Maß zugetheilt ..." (*Timoklea. Ein Gespräch über scheinbare und wahre Schönheit*, W. 33, S. 216) Zu dem platonischen Idealismus des jungen Dichters gesellt sich hier "die manierierte Vergeistlichung einer schon ganz weltlichen Empfindsamkeit"[54] und bewegt ihn in den *Platonischen Betrachtungen über den Menschen* (1755) zu einem ähnlich geschraubten Loblied.[55] Dessen Grundmotiv zieht sich

---

53 Vgl. L. W. Beck, *A Commentary on Kant's Critique of Practical Reason*, S. 75 u. 177, zu Kant, sowie v. Wiese, der von Schillers "schwankender" Begriffsgebung spricht, die er auch als die "Eigenwilligkeit der Schillerschen Terminologie" umschreibt (*Friedrich Schiller*, S. 463 u. 493).
54 Sengle, a.a.O., S. 59. Zur allmählichen Verselbständigung Wielands in der Schweiz vgl. ebda., S. 69.
55 Dort (W. 29, S. 105–106) schreibt er z.B. folgendes: "Nehmet ihm die Vernunft und lasset nur das Thier übrig: der Mensch wird in einem sehr kleinen Kreise empfinden ... immer die gleichen Vorstellungen haben ... wenigen Trieben der Natur immer gleich genug thun ... Ein Thier ist nicht Meister weder über die Eindrücke, die es von außen bekommt, noch über die Triebe, die dadurch erregt werden ... Der Mensch empfindet fast jedes Vergnügen dreifach ... ja, so groß ist die Gewalt der Vernunft, daß sie aus dem Schmerz selbst Vergnügen erzwingen kann. So große Einflüsse hat die Vernunft auf die sinnlichen Kräfte der Seele. Sie erhöhet ... sie und adelt das Thier zu einer Art von Engeln."

noch durch *Das Geheimniß des Kosmopoliten=Ordens* (1788), demzufolge die Vernunft die Gabe sei, die "den Menschen über alle seine Mitbewohner ... so hoch erhebt" (W. 30, S. 406). Allenfalls wird mit den Jahren der Ton etwas nüchterner, so daß 1792 in einem der *Gespräche unter vier Augen* einfach festgestellt wird: "Nehmt einem Menschen die Vernunft, so sinkt er in die Classe eines Viehes herab" (*Ueber Constitutionen*, W. 32, S. 276). Offenbar wurzelt Wieland in jener abendländisch-christlichen Tradition, die – mit nur wenigen, für die Entwicklung des europäischen Geistes unbedeutenden Ausnahmen – das "böse" tierisch-sinnliche Prinzip mit dem "guten," menschlich-vernünftigen kontrastiert. Nur andeutungsweise werden von Wieland die auch im tierischen Prinzip enthaltenen Möglichkeiten zum Guten erwähnt (vgl. oben, S. 16), die ja in der fernöstlichen Ethik eine ausdrückliche Anerkennung gefunden haben, von der deutschen Klassik hingegen stets relativiert worden sind.[56]

Bei alledem ist sich Wieland der Grenzen der Vernunft klar bewußt und schätzt darum den Menschen nicht ganz so hoch ein wie z.B. Diderot,[57] ohne darum freilich, wie Voltaire etwa, die Einzigartigkeit der menschlichen Natur zu bestreiten.[58] Er glaubt, die Vernunft sei "anfangs bloß als Instinct in den Menschen" gelegt worden, einer "Blume in der Knospe" vergleichbar (*Eine Lustreise ins Elysium*, W. 31, S. 426). Damit nähert er sich der Auffassung einiger französischer Materialisten[59] und behauptet gleichzeitig eine recht unabhängige Stellung im Kreise seiner deutschen Zeitgenossen. So verbinden ihn zwar wörtliche Übereinstimmungen mit Kant, der in der *Kritik der praktischen Vernunft* über den Menschen bemerkt: "... im Werthe über die bloße Thierheit erhebt ihn das gar nicht, daß er Vernunft hat, wenn sie ihm nur zum Behuf desjenigen dienen soll, was bei Thieren der Instinct verrichtet," aber erläuternd hinzufügt: "er hat sie überdem noch zu einem höheren Behuf, nämlich auch das, was an sich gut oder böse ist, und worüber reine, sinnlich gar nicht interessirte Vernunft nur allein urtheilen kann ... zu unterscheiden."[60]

Solch ein Vertrauen in die Vernunft besitzt Wieland kaum, und so fein wie Kant unterscheidet er auch nicht. Sinnvoller ist darum schon ein Vergleich zwischen ihm und Herder, der in den *Ideen zur Philosophie der Geschichte der*

---

56 Wie etwa bei Schiller, der meint, die Natur habe "auch schon dem Vernunftlosen über die Notwendigkeit gegeben und in das dunkle tierische Leben einen Schimmer von Freiheit gestreut." (*Ueber die ästhetische Erziehung des Menschen*, a.a.O., Bd. 5, S. 663)

57 J. A. Perkins umreißt Diderots "scale of values" so: "At the ... summit ... he placed ... the human mind ... man replaces god ... as the creator of value." ("Diderot and La Mettrie," *SVEC*, 10, 1959, S. 97)

58 L. G. Crocker behauptet: "Voltaire denies a distinct 'human nature'..." ("Voltaire's Struggle for Humanism," ebda., 4, 1957, S. 163)

59 Vgl. Crocker, ebda., S. 166: "La Mettrie ... admits that what we might call the 'human' qualities are the highest, but he denies they are specifically human." Perkins, a.a.O., scheinen darum aber auch "La Mettrie's ideas ... remarkably out of date today, whereas Diderot's ... can be accomodated to fit modern theories."

60 a.a.O., S. 61–62.

Menschheit ausführt: "Entweder mußte [dem Menschen] . . . die Vernunft, als Instinct, angeboren werden, welches . . . als Widerspruch erhellen wird, oder er mußte, wie es jetzt ist, schwach auf die Welt kommen, um Vernunft zu lernen."[61] Denn obwohl Herder die Annahme einer dem Menschen als "Instinct" mitgegebenen Vernunft widersinnig erscheint, hält er die Vernunft doch für erlernbar. Diese Möglichkeit setzt einen Zusammenhang zwischen dem tierisch-sinnlichen und geistig-menschlichen Bereich unseres Wesens voraus, den auch Wieland anerkennt und dessen Konsequenzen er hinzunehmen bereit ist. Demgegenüber läuft Kants Moral ja gerade auf die schärfste Trennung der beiden Bereiche hinaus.[62]

Wenn Wieland behauptet, die Vernunft sei "der gute Dämon des Menschen" (*Peregrinus Proteus* II, W. 17, S. 84), möchte er im Unterschied zu Kant lediglich eine *Möglichkeit* andeuten, nämlich die Möglichkeit, moralisch zu handeln: "Ohne sich der unmöglichen Bestimmung des . . . Ranges, den er in der Stadt Gottes einnimmt, anzumaßen . . . überzeugt [die Kosmopoliten] der Vorzug der Vernunft . . . daß der Mensch . . . nicht bloß . . . ein blindes Werkzeug fremder Kräfte, sondern . . . selbst eine wirkende Kraft ist und . . . eine viel größere Rolle spielt, als er selbst zu übersehen fähig ist." (*Das Geheimniß des Kosmopoliten= Ordens,* W. 30, S. 406–407) Er läßt dahingestellt, wie weit diese Möglichkeit ausgenutzt werden kann, denn "niemand ist schuldig ein Held zu seyn." Im Gegenteil: die große Masse, das "Volk," ist – obwohl mit Vernunft (oder zumindest einem Vernunftinstinct) versehen – eine "Mittelgattung zwischen Menschen und Yahoos" (*Platonische Betrachtungen über den Menschen,* W. 29, S. 113). Wie "eine Menge großer Kinder" (*Ueber das göttliche Recht der Obrigkeit,* W. 30, S. 290), macht es von seiner Gabe keinen Gebrauch, sondern zeichnet sich ganz im Gegenteil durch einen völligen Mangel an dem aus, "was die edlern Menschen bei allem ihrem Thun und Lassen leitet" (*Gespräche über einige neueste Weltbegebenheiten,* W. 31, S. 352).

Nicht immer hat Wieland die Menschen so skeptisch beurteilt. Doch war sein gelegentlicher Optimismus nur ein vorübergehendes Ergebnis der Hoffnungen, die die ersten günstigen Eindrücke der Französischen Revolution in ihm erweckten.[63] Dieser Optimismus hielt kaum länger an, als bei Goethe und

---

61 *Herders sämmtliche Werke,* Suphan, Bd. 13, S. 144.
62 H. A. Korff folgert deshalb: "Herder . . . wollte nicht nur den Verstand als eine geklärte Form der Sinnlichkeit, sondern überhaupt das ganze Reich zwischen der dumpfesten Empfindung und der hellsten Bewußtheit als einen . . . Zusammenhang unzähliger Entwicklungsstufen verstanden wissen. Vollständig anders Kant! Ihm galten Sinnlichkeit und Verstand als zwei Vermögen unseres Geistes, die . . . niemals ineinander übergehen." (*Geist der Goethezeit,* II, S. 92)
63 "Ich pflegte," erinnert er sich etwa in der *Unterredung über die Rechtmäßigkeit des Gebrauchs, den die Französische Nation dermalen von ihrer Aufklärung und Stärke macht* (1789), W. 31, S. 5, "sonst immer zu sagen: man versammle nur die respectabelsten Männer einer Nation unter Ein Dach, und sie werden Pöbel werden. Die Geschichte beinahe aller Versammlungen dieser Art . . . war sehr geschickt mich in dieser Meinung zu bestätigen.

Schiller etwa auch. Nur unterscheidet sich Wieland von ihnen dadurch, daß er sein politisches Engagement nicht aufgab und die tageskritische Schriftstellertätigkeit bewußt fortsetzte. Er blieb, wie Benno v. Wiese es ausdrückt, "realistisch genug, um an seiner Erkenntnis festzuhalten, daß politische Fragen nur politisch bewältigt werden können. Darin unterscheidet er sich durchaus von Schillers Entscheidung für die Kunst."[64] Das bedeutet nicht, Schiller habe die Bedeutung des Politischen für die "Erziehung der Menschen zur vollen Menschlichkeit"[65] unterschätzt. Er selbst unterstreicht ja: "das lebendige Uhrwerk des Staates muß gebessert werden, indem es schlägt, und hier gilt es, das rollende Rad während seines Umschwungs auszutauschen."[66] Doch ist damit eben keine politische Aufklärungs- und Reformtätigkeit gemeint, sondern die moralische Formung der Menschen auf dem Umweg über eine ästhetische Erziehung – einem Umweg, den Wieland nicht einzuschlagen gedachte.

Freilich wurde Wielands Aufgabe mit fortschreitendem Alter immer schwerer. Sein ursprünglicher Enthusiasmus wurde durch die Ereignisse in Frankreich gedämpft. Mit ihm löste sich sein Optimismus betreffs der Zukunft der Menschheit allmählich in Zweifeln auf, die schließlich einem spürbaren Pessimismus wichen. Aus den 70er Jahren, als er sich mit Rousseaus Gesellschaftslehre auseinandersetzte, stammen Bemerkungen, die einem jeden Aufklärungsphilosophen zur Ehre gereicht hätten, wie etwa: ". . . nichts bedarf wohl weniger einer ernsthaften Widerlegung, als die Meinung von einer immer zunehmenden Entkräftung der Natur und stetem Abnehmen der Menschheit. Wo man jemals Abnahme gesehen hat, da hat man sie bei einzelnen Völkern gesehen . . . Die Verderbniß und Schwäche ging nie ins Unendliche; sie hatte immer ihr gewisses Maß . . ." (*Ueber die vorgebliche Abnahme des menschlichen Geschlechts* [1777], W. 29, S. 342) Eine sinnverwandte Stelle im *Aristipp* scheint die Unveränderlichkeit dieser Überzeugung zu belegen.[67] Bei genauerem Hinsehen allerdings wird erkenntlich, daß Wielands Ton nach Ausbruch der Französischen

---

Aber die hohe Vernunft, womit die dermalige Versammlung der Repräsentanten der Französischen Nation zu Werke geht . . . die scharfe Richtigkeit der Grundbegriffe . . . nach welchen sie . . . verfährt, nöthigt micht, zu gestehen, daß sie die Ausnahme von jenem Erfahrungssatze mache." In *Die zwei merkwürdigsten Ereignisse im Monat Februar 1790*, ebda., S. 64, überläßt er sich "dem süßen Gefühl der Freude . . . bis zu dieser Epoche gelebt zu haben, wo eine der . . . Nationen von Europa das . . . Beispiel einer Gesetzgebung gibt, die . . . der klare Ausspruch der Vernunft ist."

64 v. Wiese, *Friedrich Schiller*, a.a.O., S. 453.

65 Carlo Schmid, "Vom Reich der Freiheit," *Schiller, Reden im Gedenkjahr 1955*, a.a.O., S. 111.

66 Schiller, *Über die ästhetische Erziehung des Menschen*, a.a.O., S. 575.

67 "Besondere Völker, einzelne Menschen können wohl in einigen Stücken schlechter als ihre Vorfahren werden; aber das Menschengeschlecht, als Eine fortdauernde Person betrachtet, der unsterbliche Anthropodämon Mensch, nimmt immer zu, und sieht keine Gränzen seiner Vervollkommnung." (*Aristipp* I, W. 22, S. 395–396)

Revolution vorsichtiger wird,[68] während er seiner Behauptung im *Aristipp* eine
"typische Abschwächung a posteriori"[69] folgen läßt: "Diejenigen, welche
behaupten, daß die Menschen weiser und besser seyn sollten, als sie sind, nehmen
... an, 'daß sie ... im Ganzen genommen, eine thörichte und verkehrte Art von
Thieren sind' ... 'Aber es sollte und könnte anders seyn, sagt man.' — Allerdings
könnte und würde es anders seyn, wenn die Menschen vernünftige Wesen wären.
— Wie? sind sie es etwa nicht? Wer kann daran zweifeln? — Ich! — Wenn sie es
wären, so würden sie anders, nämlich gerade das seyn, was vernünftige Wesen ...
seyn sollten. Aber diese sehr ungleichartigen einzelnen Erdenbewohner, die ihr,
weil sie auch zweibeinig und ohne Federn sind ... wie die eigentlichen
Menschen, mit diesen zu vermengen ... beliebt ... sind ... größtentheils ...
keine vernünftigen Wesen." (*Aristipp* III, W. 24, S. 221—222)

Derartige Wendungen verdeutlichen Wielands Neigung zur Dialektik, welcher
er sich zum Zwecke einer möglichst allseitigen Prüfung anliegender Probleme
gern zu bedienen pflegt. Sie deuten zugleich "seine Fähigkeit des Zulernens und
leichte Beweglichkeit seiner Gedanken"[70] an, die ihn auch im Alter nicht verließ
und die jedem Vergleich — dem mit Goethe nicht ausgenommen — standhält.
Freilich liefert sie eine nur unvollkommene Erklärung für die Gegensätzlichkeit
seiner Standpunkte. Diese nämlich beruht gerade hier zu einem guten Teil auf
seiner gründlichen Kenntnis der Geschichte, die ihrerseits im schroffsten
Gegensatz zu seinem innigen Wunsch nach einer auf der Vervollkommnungsfähigkeit der Menschen fußenden Besserung ihrer Verhältnisse steht. Während
Lessing also schreibt: ". . . sie wird kommen, sie wird gewiß kommen, die Zeit
der Vollendung, da der Mensch ... das Gute thun wird, weil es das Gute ist,"[71]
muß Wieland zugeben, daß die Menschen "immer ... aus Xenophons zwei
Seelen zusammengesetzt bleiben" werden, weil in ihnen "immer ... die
selbstische Seele mit der uneigennützigen im Streit seyn" wird (*Sendschreiben an
Herrn Professor Eggers in Kiel* [1792], W. 31, S. 160). Darum ist es richtig, wenn
festgestellt worden ist, daß das Ideal der "Bestimmung des Menschen," seiner
häufigen Erwähnung durch Wieland ungeachtet, für ihn vieles von seiner
Glaubwürdigkeit eingebüßt hat und er darin "nur ein pragmatisches Prinzip
sieht."[72] Er ist von der Zwiespältigkeit der menschlichen Natur so tief überzeugt,
daß er seine Gestalten Schicksale erleiden läßt, in denen sich bereits "die

---

68 In dem Aufsatz *Die Französische Republik* (1792), W. 31, S. 192, schreibt er nach-
denklich: "Es ist allerdings schwer und oft verwegen, eine Linie ziehen zu wollen, über welche der Mensch in der Vervollkommnung seiner selbst und seines Zustandes sich nicht
erheben könne."
69 F. Martini, "Wieland, Napoleon und die Illuminaten. Zu einem bisher unbekannten
Briefe," *Un Dialogue des Nations. Mélanges Fuchs 1967. Extraits*, S. 73.
70 A. C. M. Stern, *Reden, Vorträge, Abhandlungen*, S. 165.
71 *Die Erziehung des Menschengeschlechts*, a.a.O., S. 433.
72 Wolff, a.a.O., S. 213—214.

Vorgeschichte von Faust und Mephistopheles"[73] abzeichnet. Über dieses Stadium gelangt er zwar selbst in seinen reifsten Werken nicht hinaus, doch veranschaulichen diese dadurch ganz deutlich den Übergang von dem etwas blassen Menschenbild der Aufklärung zur vielschichtigen Charakterisierung der Klassik und deren komplexer Weltanschauung.

Im Gegensatz zu den Klassikern freilich gelang Wieland keine überzeugende Lösung des Problems, keine Überbrückung des Gegensatzes zwischen Gut und Böse, so wie wir sie etwa im zweiten Teil des *Faust* erleben. Ihm schien wahrscheinlicher, daß dem "Menschengeschlechte" mit dessen tierisch-göttlichen Anlagen ein "böser Dämon" innewohne, der es "ewig im nämlichen Kreise von Tugend und Laster, Weisheit und Thorheit, Wohlstand und Elend, herumtreiben und ewig verhindern wird, daß es durch seine ... Thorheiten klüger werde." (*Gespräche über einige neueste Weltbegebenheiten,* W. 31, S. 370) — Auf dieser Einsicht, die natürlich keine günstigen Voraussetzungen für eine Dramatisierung dieses Problems lieferte, beruht (viel eher als auf den rein formalen Eigenheiten seines Werkes[74]) Wielands Zugehörigkeit zu einer geistesgeschichtlichen Epoche, die mit dem Rokoko ihren Höhepunkt erreichte und sich mit ihm zugleich selbst überlebte. Trotz seiner persönlichen Anpassungsfähigkeit und trotz der vielen Anregungen, die er als Dichter — vor allem mit dem *Agathon* — den Jüngeren zu liefern vermochte, war er nicht imstande, seine Einsichten zu neuem schöpferischen Beginnen auszuwerten. Ähnlich wie später Fontane etwa kam auch er aufgrund seiner umfassenden Menschen- und Lebenskenntnis letztlich zu der Überzeugung von der Fragwürdigkeit aller Werte dieser "sublunarischen Welt." Doch genau wie Fontane und dessen Bewunderer, Thomas Mann, war er zu stark erfüllt von der humanistischen Tradition, um sich in bloßem Nihilismus, in reiner Negation zu verlieren. Wie tief er dabei von Shaftesbury beeinflußt wurde, ist anderweitig bereits hinreichend beschrieben worden.[75] Seine bei alledem bewahrte Skepsis nun beruhte auf der Erfahrung, daß die meisten Menschen von ihrer Vernunft keinen — oder doch keinen sinnvollen — Gebrauch machen. Darüber hinaus zweifelte er sogar an der Vernunft selbst. Sein ursprüngliches Vertrauen in sie weicht bereits 1776 dem nüchternen Geständnis: "Die subtilste und kaltblütigste Vernunft hat von jeher die subtilsten Zweifler hervorgebracht." (*Was ist Wahrheit,* W. 29, S. 142) Zwar sollte niemand "verkennen, wie viel der Mensch diesem Strahle der Gottheit ... schuldig ist." Gefährlich wird es jedoch, wenn eines Menschen "Vernunft die einzige Führerin seines Lebens ist!" (ebda., S. 143)

Das, was Kant die "reine Vernunft" nennt, verspricht nach Wielands Verständnis mehr als es zu halten vermag. Wie auch soll die Vernunft den

---

[73] F. Martini, *Christoph Martin Wieland, Werke in fünf Bänden,* Bd. 1, S. 947.
[74] Gerade sie allerdings erscheinen Schindler-Hürlimann von Bedeutung. Vgl. a.a.O., S. 31, sowie Sengles — für die Autorin vielleicht anregende — Bemerkungen, a.a.O., S. 198.
[75] u.a. bei Groß, a.a.O., S. 16.

Menschen befreien, da sie nicht einmal imstande ist, dessen dringendste Fragen zu beantworten? Nehmen wir beispielsweise die Frage nach der Existenz und dem Wesen Gottes. Niemand wird bestreiten, meint Wieland, daß die "Vernunft nur sagen kann, was Gott nicht ist, aber auf die Frage, was er sey, in Verlegenheit geräth und entweder stammelt oder verstummet." (*Gedanken über den freien Gebrauch der Vernunft in Glaubenssachen,* W. 30, S. 56—57) Und es ist ja nicht nur Wieland, dessen Vertrauen in die Vernunft durch diese Tatsache begrenzt wird. Lessing erkennt aus dem gleichen Grunde dem Glauben eine "*innere* Wahrheit" zu, "die keiner Beglaubigung von außen bedarf."[76] Im *Nathan* enthüllt sie sich an der "frommen Einfalt" des Klosterbruders, der intuitiv weiß, "was sich der gottergebne Mensch / Für Thaten abgewinnen kann"[77] und der Überzeugung gemäß handelt, daß "wir das Schlimme zwar / So ziemlich zuverlässig kennen, aber / Bey weitem nicht das Gute."[78]

Kant wußte sich mit solchen Zweifeln Rat, indem er die Frage nach der Zuverlässigkeit der Vernunfterkenntnis und der daraus resultierenden Konsequenzen aufgrund der Unzuverlässigkeit unserer Sinneserfahrungen für falsch gestellt erklärte und sie dementsprechend umformulierte: "Bisher nahm man an, alle unsere Erkenntniß müsse sich nach den Gegenständen richten; aber alle Versuche ... gingen unter dieser Voraussetzung zu nichte. Man versuche es daher einmal, ob wir nicht ... damit besser fortkommen, daß wir annehmen, die Gegenstände müssen sich nach unserem [sic] Erkenntniß richten ... Es ist hiemit eben so, als mit den ersten Gedanken des Copernicus bewandt ..."[79] — Mit dieser genialen Umkehrung führte Kant die abendländische Philosophie aus jener Sackgasse heraus, in die sie sich mit Humes Skeptizismus verlaufen hatte. Da Kant zwischen den Dingen an sich und ihren Erscheinungen für uns unterschied, konnte er behaupten, daß Gott und die Freiheit Ideen seien, die vernünftig weder beweisbar noch unbeweisbar sind, einem ursprünglichen Bedürfnis des Menschen gemäß allerdings als existent postuliert werden müßten. Zwar sei der Mensch als "Erscheinung" der Kausalität der Welt der Erscheinungen unterworfen und unfrei. Als "Noumenon" dagegen gehöre er dem Bereich der Dinge an sich an, in der Freiheit möglich sei. So komme es, daß "die Sittlichkeit der Gesinnung einen, wo nicht unmittelbaren, doch mittelbaren (vermittelst eines intelligibelen Urhebers der Natur) und zwar nothwendigen Zusammenhang als Ursache mit der Glückseligkeit als Wirkung in der Sinnenwelt habe, welche Verbindung in einer Natur, die blos Object der Sinne ist, niemals anders als zufällig stattfinden und zum höchsten Gut nicht zulangen kann."[80] Weil das

---

76 Lessing, *Axiomata,* a.a.O., Bd. 13, S. 129.
77 *Nathan der Weise,* a.a.O., IV, 7, Z. 3032 u. 3034—3035.
78 ebda., Z. 3000—3002.
79 Kant, *Kritik der reinen Vernunft,* "Vorrede zur zweiten Auflage" (1787), a.a.O., S. 11—12.
80 Kant, *Kritik der praktischen Vernunft,* a.a.O., S. 115.

"höchste Gut," d.h. die Verbindung von Tugend und Glückseligkeit, wegen der gegenseitigen Ausschließlichkeit dieser beiden Begriffe in diesem Leben unerreichbar ist, von der praktischen Vernunft aber trotzdem gefordert wird, ist anzunehmen, daß es in der Unendlichkeit eines anderen Daseins erreicht werden kann und soll, da sonst das menschliche Leben seinen Sinn verlöre. Damit dies nicht geschieht, stellt Kant das Postulat der Unsterblichkeit der Seele und des Daseins Gottes auf, denn das höchste Gut sei "in der Welt nur möglich, so fern eine oberste Ursache der Natur angenommen wird, die eine der moralischen Gesinnung gemäße Causalität hat."[81] Dem ist wiederholend lediglich hinzuzufügen, daß Kant mit der "Welt" natürlich nicht das irdische Dasein des Menschen als Erscheinung meint.

Wieland stellte derartige Abstraktionen nie an. Selbst im Alter, wo er sich zu Betrachtungen über verwandte Fragen gedrängt fühlte, blieben sie stets in Ansätzen stecken und wurden nie zu einem systematischen Gedankengebäude ausgebaut, das über den persönlichen Bereich hinaus Anspruch auf Gültigkeit erhob. Kants Unterscheidung zwischen den Dingen an sich und ihren Erscheinungen für uns war revolutionär und mutete ihn als höchst willkürlich und spekulativ an. Wohl begegnen wir bei ihm Bemerkungen, die dieser Behauptung zu widersprechen scheinen. So schreibt er beispielsweise im *Aristipp:* "Die Natur . . . stellt lauter einzelne Dinge auf, und weiß nichts von unbestimmten Formen . . . Sie kennt nur Aehnlichkeit und Verschiedenheit in unendlichen Graden und Schattirungen; die Abtheilungen, Einzäunungen und Gränzsteine sind Menschenwerk . . . Das Bedürfniß einer Sprache, und das Gefühl der Nothwendigkeit, den auf uns eindringenden Vorstellungen Festigkeit und Ordnung zu geben, nöthigt den Menschen zu dieser ihm natürlichen Anwendung seines Verstandes." (*Aristipp* III, W. 24, S. 241) Worauf er damit aber abzielt, ist keine Unterscheidung zwischen der Welt des Geistes und der Sinne, sondern nur eine Erklärung des menschlichen Erkenntnisvermögens. Dieses schafft das, was Kant mit dem Begriff der "Kategorien" bezeichnet und beruht auf dem Verstand, den Kant "ein Vermögen der Einheit der Erscheinungen vermittelst der Regeln" nennt und gleichzeitig mit der Vernunft kontrastiert, die für ihn "das Vermögen der Einheit der Verstandesregeln unter Principien"[82] ist. Der Verstand bringt Ordnung in die verwirrende Fülle der Erscheinungen und ermöglicht es dem Menschen, sich in der Welt zurechtzufinden, sie leichter für sich nutzbar zu machen. Dadurch allerdings schafft er erst die *Voraussetzung* für die menschliche Freiheit und auch das bloß in einem recht begrenzten, rein praktischen Sinne.

Ähnliche Vorstellungen hatte Schiller ebenfalls. Er räumte ein, daß die Befreiung des Menschen durch den Verstand "auch etwas Großes" sei, aber jener Unbedingtheit der Freiheit durch die Vernunft ermangele, weil "alle . . . Mittel,

---

81 ebda., S. 125.
82 *Kritik der reinen Vernunft,* 1. Auflage 1781, a.a.O., IV, S. 193.

durch welche der Mensch der Natur überlegen wird ... aus der Natur
genommen" sind. Insofern handele der Mensch "nicht als Intelligenz, sondern als
Sinnenwesen, nicht moralisch durch seine innre Freiheit, sondern physisch durch
Anwendung natürlicher Kräfte."[83] Und auch Wieland vermied es, die verstandes-
mäßige Erkenntnisfähigkeit des Menschen zu überschätzen. Nur war er praktisch
genug zuzugeben: "Wie kindisch es auch immer ist, unsre ... Art zu messen und
zu zählen auf das Unendliche anzuwenden, so kann sich unsre Einbildungskraft
doch nicht anders helfen." (Agathodämon, W. 18, S. 241) Allerdings ist das
Schlüsselwort hier "Einbildungskraft," denn es deutet ganz klar an, daß es der
Vernunft nicht möglich ist, dem Menschen über seine subjektiven Vorstellungen
hinaus zu einer objektiven Wahrheitserkenntnis zu verhelfen.

Mit dieser Tatsache befaßt sich Wieland im Aristipp, wo der Held den
Rationalisten Diagoras zum Versuch eines Beweises der Existenz der Dinge
verleitet. Nach Art des Sokrates befragt und verstrickt er ihn in immer tiefere
Widersprüche, bis jener sich schließlich mit seinen Argumenten hilflos im Kreise
dreht. Endlich muß er gestehen, daß die Natur "etwas Unbegreifliches" ist,
worauf ihm Aristipp erwidert: "Irgend eine dunkle Vorstellung muß denn doch
mit diesem unbegreiflichen Worte verbunden seyn." (Aristipp II, W. 23. S. 148)
Insofern die Vernunft also auf die grundsätzlichen Existenzfragen eine Antwort
schuldig bleibt, sieht sich der Mensch bei Wieland vor eine "Aufgabe" gestellt,
"deren Lösung ganz andere Organe und einen ganz andern Gesichtskreis als den
unsrigen zu erfordern scheint" (Ueber die vorgebliche Abnahme des menschlichen Geschlechts, W. 29, S. 344–345). Mithin bleibt dem Menschen nur der
Glaube als Ausweg, als Krücke übrig, doch erblickt Wieland darin bezeichnenderweise nichts Tragisches, sondern bekennt: "Wo ich nicht weiter kann, behelfe ich
mich mit dem, was mir das Wahrscheinlichste dünkt; denn immer in Zweifeln
schweben, ist für einen besonnenen Menschen ein unerträglicher Zustand;
indessen reiche ich mit dem Wenigen, worüber ich gewiß bin, ziemlich aus, und
halte mich desto fester daran." (Aristipp I, W. 22, S. 40)

Insofern genießt der vernünftige Mensch im Gegensatz zu dem, der sich seiner
Vernunft entweder nie oder aber nur selten und schlecht bedient, eine gewisse
Freiheit, weil er sich in Anerkennung seiner Gebundenheit desto besser
näherliegenden Aufgaben zu widmen vermag. Er verfügt über jene Art von
negativer Erkenntnis, über die sich Mephisto im Faust belustigt, weil er weiß, wie
leicht sie zu Verstellung und Vorspiegelung falscher Tatsachen führt. Wieland
hält es darum für notwendig, "über die menschlichen Dinge menschlich zu
philosophieren, und die göttlichen ... unbesorgt den Göttern zu überlassen: aber
wir bekennen uns dadurch auch zu einer Unwissenheit, die uns mit den
ungelehrtesten Idioten in Eine Reihe stellen würde, wenn wir nicht wenigstens

---

83 Schiller, Vom Erhabenen, a.a.O., Bd. 5, S. 494–495.

dieß voraus hätten, daß wir die Ursachen kennen, warum diese Unwissenheit unvermeidlich ist." (*Aristipp* III, W. 24, S. 164—165)

Aus solcher Erkenntnis heraus kann sich kein Faust-Drama entwickeln, weil in ihr das Verständnis für die Gegebenheiten des Lebens durch keinen Drang nach einer Bewältigung des Absoluten ergänzt wird.[84] Dieser wird ersetzt durch ein gelassenes Sich-Bescheiden, das eine vernünftige Selbstvervollkommnung zwar nicht ausschließt, dessen Hauptmerkmal aber dennoch eine nüchterne Selbsterkenntnis ist.[85]

Das soll nicht heißen, daß Wieland der faustische Tatendrang unbekannt wäre. Nur sieht er in ihm eine Gefahr, die er im *Agathon* als eine "Krankheit der Seele" bezeichnet (*Agathon* III, W. 6, S. 321) und womit er jenen maßlosen Enthusiasmus, jene grenzenlose Begeisterungsfähigkeit zum Handeln meint, die er bereits im *Don Sylvio* verspottet und am jungen Agathon belächelt. Er räumt zwar ein, daß es angenehm sei, "sich zuweilen einer unschädlichen und vorübergehenden Schwärmerei der Phantasie und des Herzens zu überlassen: aber sein ganzes Leben durchzuschwärmen . . . ist eine eben so undankbare als verächtliche Art der Existenz." (*Peregrinus Proteus* II, W. 17, S. 54) Ohne zu bestreiten, daß die "Schwärmerei" zuweilen zu erstaunlichen Leistungen und positiven Ergebnissen befähigt, hält er sie im Grunde doch für gefährlich und gerät dadurch in Gegensatz zu den Jüngeren.

Das Wesen der Schwärmerei erschöpft sich weder in der "Stärke der Einbildungskraft" eines Menschen (vgl. Anm. 51), noch läßt es sich überzeugend durch Analogien mit gleichnamigen Begriffen anderer Schriftsteller erklären.[86] In seinem Aufsatz *Enthusiasmus und Schwärmerei* (1775) definiert Wieland sie zwar als "eine Erhitzung der Seele von Gegenständen, die entweder gar nicht in der Natur sind, oder wenigstens das nicht sind, wofür die berauschte Seele sie ansieht." (W. 35, S. 134—135) Vor allem versucht er, sie gegen den — seiner Ansicht nach positiven — "Enthusiasmus" abzugrenzen. Doch muß er zugeben, daß "die Gränzen des Enthusiasmus und der Schwärmerei in jedem Menschen

---

[84] Stark, a.a.O., bezeichnet eine solche Haltung als die "comfortable doctrine," die "does not know the type — unhappily so frequent in reality — who has ever provided raw material for the dramatist and the poet generally — the man in deadly combat with his age . . . ground down and crushed by . . . history and fate." (S. XX)

[85] Groß, a.a.O., S. 15, erklärt darum, man "befolgte . . . in Deutschland die Mahnung 'Kenne dich selbst!,' die in den Werken der französischen Denker erhoben wurde; dennoch blieb es bei dem 'Vervollkommne dich selbst!' der Leibniz-Wolffschen Philosophie." — Wieland selbst blieb, wie seine ständige Betonung der Notwendigkeit einer individuellen Vervollkommnung beweist, von dieser Entwicklung nicht unberührt, vergaß aber dennoch nie, daß Selbstvervollkommnung erst durch Selbstkenntnis möglich wird: "Die Aufschrift über der Pforte des delphinischen Tempels", schreibt er in den *Betrachtungen über J. J. Rousseau's ursprünglichen Zustand des Menschen*, W. 29, S. 163, " 'Lerne dich selbst kennen!' enthielt ohne Zweifel ein wichtiges und in der That nicht leichtes Gebot."

[86] Wie sie z.B. von Schindler-Hürlimann, a.a.O., S. 63—64 u. 89—105, bes. aber S. 96, gebildet werden.

schwimmen" (ebda., S. 136) und definiert hier überhaupt so eng, daß wir ergänzen müssen: bei Wieland ist die Schwärmerei eine Verwirrung von Vernunft, Trieben und Gefühl, die den Einzelnen im Glauben an seine Fähigkeiten zur Verwirklichung ästhetischer, politischer, moralischer oder religiöser Ideale drängt. Sie zeugt von einer hohen Begeisterungsfähigkeit, deren Kehrseite gewöhnlich ein Mangel an Lebenserfahrung, manchmal auch an geistiger Reife ist. Da dem schwärmerischen Drang keine praktische Erfüllung gewährt wird, artet er meistens in eine Verneinung und Verwerfung der Gegebenheiten aus und kann sich bis zur Verwechslung der Wirklichkeit mit der idealen Scheinwelt steigern, die für den Schwärmer natürlich mehr Realität besitzt als die Wirklichkeit selbst.

Somit ist die Schwärmerei das genaue Gegenteil der Freiheit, denn sie "macht von allem Anfang an die Grundlage der Vernunft unsicher."[87] Darüber hinaus enthüllt sie paradoxerweise die Schwäche der Vernunft, denn die Ideale des Schwärmers sind ja oft durchaus vernünftig, nur verliert er bei ihrem Verfolg gewöhnlich den Boden unter den Füßen und büßt, von Zwangsvorstellungen getrieben, seine Freiheit ein.

Doch vielleicht steht die Freiheit bei Wieland in gar keinem Zusammenhang mit der Vernunft? Denkt man nämlich an Lessing, so ergibt sich die Möglichkeit eines solchen Zusammenhanges auch über die Vorstellung einer unsterblichen Seele, über die Vermutung, daß "jeder . . . Mensch . . . mehr als einmal auf dieser Welt vorhanden . . . seyn"[88] könnte. Und dort, wo − wie z.B. im Christentum − die Existenz einer Seele angenommen wird, besteht doch zumindest der Ansatz zu einem Freiheitsglauben. Darauf verweist ja gerade auch Schiller, der meint, allen "Religionsideen" sei der Glaube "an die *Unzerstörbarkeit* unsers Wesens" gemein, der Versuch, "Beruhigungsgründe für unsre Sinnlichkeit" zu liefern, weil die meisten Menschen in Angst vor dem Tod leben würden, "wenn nicht der Vernunftglaube an eine Unsterblichkeit . . . eine leidliche Auskunft wüßte."[89]

Leider gibt Wieland auf diese Frage nirgends eine klare Antwort. Einerseits verwirft er die Abstraktionen "Platos," dessen Idee von einer dreifachen Seele des Menschen,[90] anderseits den Gedanken einer an den Körper geketteten "Seele." Wenn also gefragt wird, ob "sich nicht alle Erscheinungen und Wirkungen der Sinnlichkeit und der Einbildungskraft, des Verstandes und des Willens, der Leidenschaften und der Vernunft, sehr wohl aus einer und ebenderselben mit einem organischen Körper vereinigten Seele erklären lassen" (ebda., S. 119), kann Wieland lediglich erwidern, daß die "Art und Weise, wie unsre Seele mit ihrem Körper zusammenhängt . . . eines der unerforschlichen Geheimnisse der Natur" ist (*Aristipp* I, W. 22, S. 355). Durch solch eine

87 Schindler-Hürlimann, a.a.O., S. 94.
88 Lessing, *Die Erziehung des Menschengeschlechts*, a.a.O., S. 435.
89 Schiller, *Vom Erhabenen*, a.a.O., S. 498.
90 Vgl. *Aristipp* III, W. 24, S. 110ff.

Binsenwahrheit freilich nicht zufriedengestellt, kommt er immer wieder auf dieses Problem zurück, und wir haben guten Grund anzunehmen, daß seine Erörterungen mehr als bloße Gedankenspiele darstellen, vielmehr als Versuche zu werten sind, den Wahrscheinlichkeitsgrad der verschiedenen Lösungsmöglichkeiten abzuwägen. — So greift er im *Aristipp* etwa auf eine rationalistische Argumentation zurück, die seinen Diagoras schließlich in die übliche Falle führt. Auf Aristipps Frage: "Woher weißt du daß etwas wirklich ist? ," muß jener nämlich antworten: "Weil ich sehe, höre, fühle, denke, mich selbst bewege, und — zwar nicht alles, aber doch sehr vieles kann, was ich will" (*Aristipp* II, W. 23, S. 142). Das aber ist ein Eingeständnis der unzureichenden Beweiskraft der reinen Vernunft, und es wird bestimmt nicht entkräftet durch die Behauptung, "daß dieses Ich, das sich selbst fühlt . . . betrachtet . . . bewegt . . . ein von meinem Körper ganz verschiedenes Etwas ist, dieß weiß ich so gewiß, als ich mir selbst bewußt bin." (*Aristipp* I, W. 22, S. 355—356)

Wielands ständige Bemühungen, "über die menschlichen Dinge menschlich zu philosophiren," stehen nicht nur im Einklang mit der naturwissenschaftlichen Tendenz seines Zeitalters.[91] Sie sind darüber hinaus als Versuche einer logischen Beweisführung zu deuten, bei der er allerdings sehr darauf bedacht ist, nicht den Boden unter den Füßen zu verlieren: ". . . alle Naturwesen . . . haben einen gewissen Punkt der Reife, nach dessen Erreichung sie wieder abnehmen, und endlich . . . aufhören zu seyn was sie waren. Sollte nicht auch der Mensch sich dieses allgemein scheinende Naturgesetz . . . gefallen lassen? Warum nicht, wie ein gesättigter Gast von der Tafel der Natur aufstehen und sich schlafen legen? — 'Um nie wieder zu erwachen? ' — Warum nicht, wenn wir dazu geboren sind? — Oder fühlst du auch . . . daß etwas in dir . . . sich gegen diesen Gedanken auflehnt? Eine Art . . . Gefühl, daß dein wahres . . . Ich eben darum immer fortdauern wird, weil es ihm unmöglich ist, sein eigenes Nichtseyn zu denken; weil wir ohne Unsinn zu reden nicht einmal vom Nichtseyn reden können . . . es uns eben so unmöglich ist Etwas als Nichts, wie Nichts als Etwas zu denken; und daß sich weder eine Ursache wie, noch ein Zweck warum es zu seyn aufhören sollte, ersinnen läßt? " (ebda., S. 349—350)

Nur beiläufig sei auf die sprachliche Gewandtheit hingewiesen, mit der Wieland derartige Probleme bespricht. Sein Stil ist, verglichen mit dem seiner unmittelbaren Vorgänger, so anschaulich und lebendig, daß er leicht über des Dichters ernstes Anliegen hinwegzutäuschen vermag.[92] Es fragt sich also, ob und

---

[91] "Wenn wir sehen," überlegt Wieland im *Aristipp* I, W. 22, S. 355, "so ist es ja nicht das Auge, wenn wir hören, nicht das Ohr, was sich der Vorstellung bewußt ist . . . die Seele ist es welche sieht und hört, so wie sie allein ist, was, aus jenen Darstellungen der Sinne, Begriffe und Gedanken erzeugt . . ."

[92] Dies erhellt am besten aus einer Gegenüberstellung: "Ich hatte mir," schreibt beispielsweise Christian Wolff in seiner *Metaphysik* zum gleichen Thema, "zwar anfangs vorgenommen die Frage von der Gemeinschafft des Leibes mit der Seele und der Seele mit

inwiefern der Vorwurf der Oberflächlichkeit, den man bis heute noch gegen Wieland zu erheben liebt, mit dessen sprachlicher Gestaltungskraft zusammenhängt, die seinen Diskussionen jene Umständlichkeit erspart, welche man landläufig mit Tiefgründigkeit zu verwechseln pflegte. Hier z.b., wo es um die Frage geht, wie sich die zwar unstoffliche, darum aber nicht weniger wirkliche Seele des Menschen mit dessen Tode in nichts auflösen könne, da doch eine solche Auflösung aller sinnlichen Erfahrung zuwiderläuft, formuliert Wieland: "Mit der dilemmatischen Formel, 'Seyn oder Nicht-Seyn' ist gar nichts gesagt; hier findet kein 'oder' statt; Seyn ist das Erste und Letzte alles Fühlbaren und Denkbaren. Indem ich Seyn sage, spreche ich eben dadurch ein Unendliches aus, das alles was ist, war, seyn wird und seyn kann, in sich begreift." (*Aristipp* III, W. 24, S. 211)

Freilich gehört diese Ansicht bei Wieland zum Bereich reiner Spekulation[93] und erlaubt keine festen Rückschlüsse auf die Konsequenzen, die sich daraus für seinen Freiheitsglauben ergeben. Sucht man nach weiteren Anhaltspunkten, so muß man sich weniger spekulativen Abhandlungen zuwenden, in denen die konkreten Möglichkeiten des schöpferischen Menschen zur Sprache kommen. Ein Beispiel hierfür findet sich in *Koxkox und Kikequetzel* (1770), dem Versuch einer Ontologie, in der die Menschen der obersten Stufe der "natürlichen Dinge in dieser sublunarischen Welt" zugezählt und als Wesen bezeichnet werden, "die zugleich empfinden, denken und mit Willkür handeln können" (W. 21, S. 281).

Gewiß erlauben derartige Bemerkungen keine allzu weitläufigen Schlüsse, weil ja seit Kant in der Philosophie sehr genau zwischen der Freiheit des autonomen Willens und der Gebundenheit der heteronomen Willkür unterschieden wird.[94] Und wirklich stellt sich heraus, daß Wieland aus der Überzeugung, die Menschen könnten "mit Willkür handeln," nur sehr bescheidene Folgerungen zieht. Während Kant von *jedem* Menschen fordert: "Handle so, daß die Maxime deines Willens jederzeit zugleich als Princip einer allgemeinen Gesetzgebung gelten könne,"[95] weil dieser Imperativ die Menschen, wie "alle endliche Wesen, die Vernunft und Willen haben,"[96] zu solchem Handeln verpflichtet, ist Wieland weit davon entfernt, eine ähnliche Forderung zu erheben. Für ihn nämlich sind

dem Leibe gantz unentschieden zu lassen: allein, da ich durch die im andern Capitel gelegten Gründe wider Vermuthen gantz natürlich auf die vorher bestimmte Harmonie des Herrn Leibnitz geführet ward; so habe ich auch dieselbe beybehalten und in ein solches Licht gesetzet, dergleichen diese sinnreiche Erfindung noch nie gehabt." (Zitiert von H. M. Wolff, a.a.O., S. 107)

[93] Wie vor allem aus dem Altersaufsatz *Euthanasia* hervorgeht (W. 30, bes. S. 196 u. 213ff.).

[94] "Die *Autonomie* des Willens," erklärt Kant in der *Kritik der praktischen Vernunft*, a.a.O., S. 33, "ist das alleinige Princip aller moralischen Gesetze und der ihnen gemäßen Pflichten: alle *Heteronomie* der Willkür gründet dagegen nicht allein gar keine Verbindlichkeit, sondern ist vielmehr dem Princip derselben und der Sittlichkeit des Willens entgegen."

[95] ebda., S. 30.

[96] ebda., S. 32.

die Menschen nicht alle gleich vernünftig. Mehr noch: nicht nur ist "Tugend ...
moralisches Heldenthum," und "niemand ist verbunden ein Held zu seyn"
(*Aristipp* I, W. 22, S. 311). Wieland kennt auch gar keine Tugend, "die nicht in
freiwilliger Aufopferung besteht, und von der Größe ihres Opfers ihren höhern
oder niedern Werth erhält" (ebda.). — Das bedeutet, daß sich seine sittlichen
Maßstäbe schon im Kern von denen Kants grundsätzlich unterscheiden, denn
dieser war bekanntlich der Auffassung, daß "der Empirism die Sittlichkeit in
Gesinnungen ... mit der Wurzel ausrottet und ihr ... ein empirisches Interesse
... statt der Pflicht unterschiebt ... und ... aus der Ursache weit gefährlicher
ist als alle Schwärmerei, die niemals einen daurenden Zustand vieler Menschen
ausmachen kann."[97]

In Anbetracht derartiger Unterschiede überrascht es nicht, daß Wieland
bezüglich der Möglichkeiten der Pflichterfüllung ebenfalls viel geringere Erwartungen hegt als Kant. Einen der besten Belege dafür liefert sein Aufsatz *Krates
und Hipparchia*, in dem er zwar meint, es sei "Selbsttäuschung, wenn der Mensch
Triebe zu Pflichten adeln will" (W. 21, S. 181) und sich dadurch bewußt von der
Moral seines Hippias absetzt. Zugleich betont er jedoch, die Pflichterfüllung
werde beim Menschen von vornherein durch die Natur ermöglicht, weil die Natur
sich "in jedem Menschen sicher auf die Stärke seiner Triebe ... verlassen" könne
(ebda.). Vor allem hebt Wieland *einen* "mächtigen Trieb" hervor: "Brauche ich
dir diesen erst zu nennen ... ? Was sind wir nicht fähig für diejenigen zu thun,
die wir lieben? " (ebda., S. 182) — Das unterscheidet ihn sowohl von Kant als
auch von Schiller. Kant nämlich behauptet: "Es ist von der größten Wichtigkeit
in allen moralischen Beurtheilungen auf das subjective Princip aller Maximen mit
der äußersten Genauigkeit Acht zu haben, damit alle Moralität der Handlungen
in der Nothwendigkeit derselben *aus Pflicht* und aus Achtung fürs Gesetz, nicht
aus Liebe und Zuneigung zu dem, was die Handlungen hervorbringen sollen,
gesetzt werde. Für Menschen und alle erschaffene vernünftige Wesen ist die
moralische Nothwendigkeit Nöthigung..."[98] Und er fährt fort: "Ein ...
subjectives Princip muß zur Triebfeder nicht angenommen werden, denn sonst
kann zwar die Handlung, wie das Gesetz sie vorschreibt, ausfallen, aber da sie
zwar pflichtmäßig ist, aber nicht aus Pflicht geschieht, so ist die Gesinnung dazu
nicht moralisch, auf die es doch in dieser Gesetzgebung eigentlich ankommt."[99]

Von derselben Auffassung geht Schiller aus, der ein solches Tun als
"Temperamentstugend" bezeichnet, die ein "gutes Herz" verrät, vor der jedoch
gewarnt werden muß, denn: "Ist bei einem Menschen die Neigung nur darum auf
Seiten der Gerechtigkeit, weil die Gerechtigkeit sich glücklicherweise auf seiten
der Neigung befindet, so wird der Naturtrieb im Affekt eine vollkommene

[97] ebda., S. 71.
[98] ebda., S. 81.
[99] ebda., S. 82.

Zwangsgewalt über den Willen ausüben . . ."[100] Während Kant und Schiller also die Sittlichkeit des Handelns nach seiner Motivierung bewerten, beweist sie sich für Wieland hauptsächlich an seinen praktischen Auswirkungen. Ob diesen vernünftige Überlegungen zu Grunde liegen oder sinnlicher Zwang, ist von nur untergeordneter Bedeutung. So kommt es, daß z.b. die Liebe im weiteren Sinne als eine moralische Triebfeder angesehen wird,[101] deren Einfluß über die einzelmenschlichen Zwischenbeziehungen hinaus von gesellschaftlicher Bedeutung ist – was im Folgenden noch zu zeigen sein wird.

Zuvor sei hier aber noch einmal auf das Problem der Selbstvervollkommnung bei Wieland eingegangen, denn dieses steht in engstem Zusammenhang mit dem weithin mißverstandenen Begriff der "Glückseligkeit," der wesentlich zu dem vorliegenden Fragenkomplex gehört. Mehr und mehr haben die Fehldeutungen dessen, was Wieland unter Glückseligkeit versteht, neuere Kritiker zu Richtigstellungen herausgefordert,[102] zu denen er selbst sich bereits genötigt fühlte. So räumt er z.b. in seinen *Unterredungen mit dem Pfarrer von* *** ein, er möge seine "Gemälde" "hie und da" "mit zu viel Wärme colorirt" haben, argumentiert jedoch: "Gemälde, deren Gegenstand etwas Aergerliches und Verführerisches hat, sind darum noch keine ärgerlichen und verführerischen Gemälde." (W. 21, S. 225) – Nun braucht man dem Selbstzeugnis eines Dichters kein allzu großes Gewicht beizumessen. Anderseits ist es erstaunlich, wie viele Wieland-"Kenner" sein Werk selbst in unserer sexuell so aufgeklärten Zeit wegen seiner "Sinnlichkeit" noch immer für anstößig halten, obwohl er, der ohne Zweifel "ein gewisses Vergnügen am leicht Frivolen"[103] hat, "auch die sinnlichste Liebe noch mit einer Grazie schildert, die jede Unanständigkeit im Keim erstickt."[104] Es spricht Bände über die Unterschiede zwischen dem damaligen literarischen Geschmack in Deutschland und Frankreich etwa, daß sich die Empfindlicheren unter Wielands Landsleuten nicht allein an unbeschwerten Werken wie *Idris und Zenide* (1763–1768), *Don Sylvio* (1763), *Musarion* (1768) und *Der neue Amadis* (1768), sondern auch an Teilen des *Agathon* gestoßen haben, dessen Absicht und Bedeutung den meisten von ihnen verborgen blieben. Diesen strengen Sittenrichtern war Wielands Dichtung zu aufgeklärt, und seine psychologischen Einblicke erweckten ein derartiges Unbehagen, daß man es vorzog, sie entrüstet

---

100   *Über Anmut und Würde,* a.a.O., Bd. 5, S. 474.
101   Für Schindler-Hürlimann ist die Liebe eine Macht, die bei Wieland "vor allem jene 'Entzauberung der Schwärmerei' bewirkt," die den Menschen zur Gesellschaft zurückführt (a.a.O., S. 91).
102   Ein Beispiel traditioneller Verfälschung des Wielandschen Begriffs der "Glückseligkeit" gibt z.B. H. Kluge, *Geschichte der deutschen Nationalliteratur,* S. 117. – Vgl. dagegen R. Samuel, "Wieland als Gesellschaftskritiker: eine Forschungsaufgabe," *Seminar,* V, 1, 1969, bes. S. 46; oder A. E. Ratz, "Ausgangspunkte und Dialektik der gesellschaftlichen Ansichten C. M. Wielands," ebda., VII, 1, 1971, bes. S. 17–18.
103   Schindler-Hürlimann, a.a.O., S. 55.
104   ebda, S. 100.

abzulehnen, anstatt sie ernsthaft auf ihren Wahrheitsgehalt hin zu prüfen. Hinzu kam die unerwartete Veränderung, die aus dem religiösen Schwelger der Schweizer Lehrjahre scheinbar über Nacht einen üblen Eudämonisten welschester Art gemacht hatte, so daß sich nun bloß noch die allerscharfsinnigsten Kritiker wie Lessing bei ihm auskannten. Wie anders nämlich sollte man es deuten, wenn er beispielsweise 1760 in dem Fragment *Theages, Ueber Schönheit und Liebe* behauptete: "Ohne Zweifel ist es die Glückseligkeit, die man gewiß nicht mehr, als sie es verdient, sucht?" (W. 33, S. 245) Sein Zusatz, "daß es eine schwere Kunst seyn müsse, glücklich zu werden," war leicht zu übersehen, und wenig beachtet wurde auch, daß Wieland über "ganze Schwärme von Freuden" spricht, "die von ferne wie Glückseligkeit aussahen, und von den meisten auch dafür gehalten wurden," die aber "alle die schlimme Eigenschaft der Statuen des Dädalus" hatten, denn "sie liefen davon, ehe man sich's versah, und das, was ich suchte, sollte beständig und zuverlässig seyn" (ebda., S. 246). Bald also hatte man sich darauf geeinigt, daß hier ein Dichter auf leichtsinnige Weise einer zweifelhaften Moral das Wort redete. Das aber konnte man, wenn einem der Sinn danach stand, im Original besser bei den freigeistigen Nachbarn westlich des Rheins nachlesen.

Der *Agathon* konnte diese Meinung schon darum nicht erschüttern, weil man ihn — wie Lessing sofort bedauernd feststellte — im damaligen Deutschland gar nicht zu lesen verstand. In ihm redet Hippias einem zügellosen Hedonismus das Wort: "... befriedige deine Bedürfnisse; vergnüge alle deine Sinnen; erspare dir so viel du kannst alle schmerzhaften Empfindungen" (*Agathon* I, W. 4, S. 86), und was bedeutet es schon, wenn Agathon fast verzweifelt entgegnet: "O Hippias, was ist das was du Glückseligkeit nennest? Niemals wirst du fähig seyn zu wissen was Glückseligkeit ist. Was du so nennst, ist Glückseligkeit, wie das Liebe ist, was dir deine Tänzerinnen einflößen"? (ebda., S. 74) Erinnert doch Wieland selbst daran, daß Hippias "nicht immer unrecht" hat, was eben *nicht* so zu verstehen ist, daß er meistens unrecht habe, zumal er in praktischen Dingen offenbar in den meisten Fällen tatsächlich recht behält. Er ist erfahren, ein Mann von Welt, der die Menschen kennt, während Agathon zu gleichem Zeitpunkt noch ein zu wirklichkeitsfremder Schwärmer ist, als daß seiner Meinung viel Gewicht beigemessen, oder sie gar mit der Absicht des Dichters verwechselt werden dürfte. Als dieser aber in der dritten Ausgabe des Romans [1794] (in Anlehnung an Kant) annehmbarere Vorstellungen entwickelt, da hat sich sein schlechter Ruf, zumal unter den glühend-ernsten jungen Dichtern, bereits verfestigt, und Bemerkungen wie die in dem "Beschluß der Geschichte Agathons," wonach "jede höhere Stufe der Weisheit und Tugend" des Menschen "Glückseligkeit erhöhe, daß die Weisheit und Tugend allezeit das richtige Maß der öffentlichen als der Privatglückseligkeit ... gewesen; und daß diese einzige Erfahrungswahrheit ... alle Trugschlüsse der Hippiasse zerstäube ..." (*Agathon* III, W. 6, S. 329ff.), können diesen Ruf auf Jahrzehnte hinaus nicht mehr ändern.

Es ist ratsam, die Suche nach dem Sinn des Wortes "Glückseligkeit" außerhalb der Romane und in Wielands Aufsätzen zu verfolgen, denn in diesen kommt es ihm stets auf eine möglichst unverblümte Darlegung seiner Standpunkte an. Hierbei sind die *Worte zur rechten Zeit* besonders beachtenswert, weil sie den "ewigen Refrain" all seiner politischen Wunschträume enthalten und "das Resultat alles dessen," was ihn "die Französische Staatszerrüttung seit fünf Jahren gelehrt hat." Hier schreibt er, eine Verbesserung der Moral sei nur denkbar, wenn "die Reform . . . bei den einzelnen Menschen" angesetzt werde: "Denn die reichste Quelle alles menschlichen Elends ist nicht außer uns, sondern liegt in dem Mangel eines richtigen Begriffs von unsrer Natur und Bestimmung, in der falschen Schätzung des Werths der äußern Dinge, in dem Uebergewichte des thierischen Theils über den vernünftigen, in der Verdorbenheit der Sitten, in der täglich zunehmenden Weichlichkeit, Trägheit, Ueppigkeit, Abstumpfung des moralischen Gefühls . . . Wer kein tiefes Gefühl von seinen Pflichten hat, kann keinen richtigen Begriff von seinen Rechten haben." (W. 31, S. 317)

Genau gesehen besteht zwischen dieser Ansicht und jener aus dem dritten Teil des *Agathon,* worin Wieland "die Theorie der Lebensweisheit des Archytas unerschütterlich befestigte" (W. 6, S. 330), kein wesentlicher Unterschied. Zwar gibt es bei Kant, an dessen Philosophie sich diese "Lebensweisheit" anlehnt, keine Abstufungen innerhalb des Tugendbegriffs. Tugend ist für ihn das *"oberste Gut"* und die unerläßliche *"Bedingung"* des "höchsten Guts," welches "Tugend und Glückseligkeit zusammen . . . in einer Person . . . ganz genau in Proportion der Sittlichkeit . . . ausmachen."[105] Die *"Weisheit"* aber bedeutet ihm "theoretisch betrachtet, *die Erkenntniß des höchsten Guts* und praktisch *die Angemessenheit des Willens zum höchsten Gute.*"[106] Genau wie er bemüht sich Wieland aber um eine Läuterung und Vergeistigung des Glückseligkeitsbegriffs, strebt also — wenngleich weniger systematisch als intuitiv — das gleiche Ziel an wie Kant. Für diesen ist die Glückseligkeit, obwohl "in der praktischen Aufgabe der reinen Vernunft . . . als nothwendig postulirt,"[107] ein im Diesseits kaum erreichbarer Preis, denn "sie ist der Zustand eines vernünftigen Wesens in der Welt, dem es im Ganzen seiner Existenz *alles nach Wunsch und Willen geht,* und beruht also auf der Übereinstimmung der Natur zu seinem ganzen Zwecke, imgleichen zum wesentlichen Bestimmungsgrunde seines Willens."[108] Darum ist das, was der Mensch in dieser Welt zu erreichen vermag, allenfalls "ein negatives Wohlgefallen mit seinem Zustande, d.i. *Zufriedenheit.*"[109] Sie ist das Bewußtsein des Menschen, seine Pflicht getan zu haben, ein Zustand, in dem die Freiheit sich selbst genießt. Als "Glückseligkeit" jedoch dürfe er darum nicht bezeichnet

105 *Kritik der praktischen Vernunft,* a.a.O., S. 110.
106 ebda., S. 130—131.
107 ebda., S. 125.
108 ebda., S. 124.
109 ebda., S. 118.

werden, weil er "nicht vom positiven Beitritt eines Gefühls abhängt,"[110] durch den es seinen moralischen Wert einbüßen würde. — Ein einziges "Gefühl" nur läßt Kant gelten, nämlich "ein Gefühl der Achtung fürs moralische Gesetz,"[111] und dieses könne "ein *moralisches Gefühl* genannt werden,"[112] weil es "lediglich durch die Vernunft bewirkt"[113] wird.

Wieland unterscheidet weniger genau, und "dieses sonderbare Gefühl," wie Kant es nennt,[114] kennt er nicht. Im Alter allerdings zeigt er immer klarer, daß es ihm um eine ähnliche zeitlos-geistige Auslegung des Begriffs der Glückseligkeit geht: ". . . die Nemesis, deren Wage das Weltall im Gleichgewicht erhält, fordert von Niemand mehr, als er schuldig, noch mehr als ihm möglich ist. Um vollkommen gerecht zu seyn, bedurfte sie, menschlicher Weise zu reden, keiner andern Einrichtung, als daß die innere Richtigkeit unsrer Gesinnungen und Handlungen jeder Zeit den Grad der innern Glückseligkeit bestimmt, die mit dem Bewußtsein derselben unmittelbar verbunden ist. Der Weise und Gute begehrt und erwartet nie eine andere Belohnung . . ." (*Euthanasia,* W. 30, S. 218) Zwar wird hier dem Gedanken, wir sollten das Gute um seiner selbst willen verrichten, kein so einprägsamer Ausdruck verliehen wie bei Lessing oder Shaftesbury,[115] dem Sinne nach wird er jedoch ebenso erkennbar wie bei Kant, bei dem er freilich, in Übereinstimmung mit dessen Autonomieideal, einen rein vernünftigen Bestimmungsgrund erhält: "Die Bewirkung des höchsten Guts in der Welt ist das nothwendige Object eines durchs moralische Gesetz bestimmbaren Willens."[116]

So fremd eine derart logisch-strenge Ethik Wieland ist, erhob er die "Glückseligkeit" doch auf seine eigene Weise zum Postulat. Weil er aber glaubte, daß ein Nachleben von uns eher erhofft als erwartet werden dürfe, forderte er ihren Verfolg von jedem vernünftigen Menschen noch in diesem Leben, selbst wenn dessen Dauer zu ihrer Erreichung nicht zulange.

110 ebda.
111 ebda., S. 75.
112 ebda.
113 ebda., S. 76.
114 ebda.
115 Vgl. Cassirer, a.a.O., S. 189—190, der dazu Shaftesburys *Letter to a Friend* (2.12.1704) heranzieht, in dem es u.a. heißt, unser Leben könne uns nur dann mit Genugtuung erfüllen, wenn es auf dem "doing good for good's sake" beruhe, "without any farther regards, nothing being truly pleasing or satisfactory but what is thus acted disinterestedly, generously and freely . . ."
116 *Kritik der praktischen Vernunft,* a.a.O., S. 122.

* * *

Der Mensch ist für Wieland also ein Geschöpf, das seiner Vernunft wegen einen hervorragenden Platz in der Schöpfung einnimmt und der Freiheit fähig ist. Doch unterliegt seine Freiheit den Einschränkungen seiner Triebnatur und Veranlagung, dem Zufall, dem Schicksal und den Einflüssen der Umwelt in Form historischer, geographischer, klimatischer und gesellschaftlicher Gegebenheiten, die ihn allesamt auf eine sehr konkrete Weise zur Einzelpersönlichkeit "bilden."

Im Schicksal erblickt Wieland eine unpersönliche Macht, deren Wirkung den Gesetzen einer höheren Notwendigkeit unterliegt und sich dem Verständnis selbst des weisesten Menschen entzieht. Dennoch trägt der Mensch, ob bewußt oder unbewußt, zum Schicksalslauf bei, und sein Verhalten wird von Wieland in einem Zusammenhang mit den Zufälligkeiten des Schicksals betrachtet, der ihnen den Anschein persönlicher Fügungen verleiht.

Die Veranlagung, als innere Form, setzt dem Menschen nicht nur gewisse Schranken, sondern beeinflußt auch sein Wollen. Zugleich stellt sie ihn vor die Aufgabe, sich über seine Schranken so weit wie möglich hinwegzusetzen, zumindest aber sein Potential auszunutzen. Da zu diesem Prozeß der Selbstvervollkommnung überdurchschnittliche Geistes- und Willenskräfte gehören, wird er nur von außergewöhnlichen Einzelnen bewältigt. Nur von ihnen wird eine Bewährung in dem Kampf zwischen Vernunft und Triebnatur erwartet, während die meisten anderen Menschen, die keine "moralischen Helden" sind, aus Mangel an Vernunft (oder deren Anwendung) darin unterliegen. In ihnen, dem "Volk," schlummert die Vernunft bestenfalls als "Instinct," welcher der Ausbildung bedarf, um moralisch wirksam zu werden. Doch selbst solche Ausbildung macht die Vernunft nicht unfehlbar. Da sie nie befriedigende Antworten auf die grundsätzlichsten Daseinsfragen zu geben vermag, mißtraut Wieland ihr und betont, daß alles menschliche Wissen im Einzelfalle auf "irgend eine dunkle Vorstellung" zurückgehe und echte Wahrheitserkenntnis "ganz anderer Organe" als der unsrigen bedürfe. Freilich ist es die Vernunft, die zu dieser Einsicht führt und die darum letztlich stets selbst die "subtilsten Zweifler" hervorgebracht hat, deren Gegenstück die "Schwärmer" sind.

Bleibt somit die menschliche Freiheit — sogar bei den moralischen Helden, bei denen sie immerhin vorausgesetzt werden darf — stets fragwürdig, so wird sie durch die "Seele" noch viel weniger gewährleistet. Offenbar möchte Wieland in der Unabhängigkeit der Seele vom Körper, in einem Fortleben nach dem Tode, eine Möglichkeit der Freiheit erblicken. Da sie aber in dieser Form unbeweisbar ist, bleibt sie nicht weniger problematisch als die Freiheit auf der Basis der Vernunft.

Trotz alledem hält Wieland das Los des Menschen nicht für tragisch, sondern fordert, er solle seine Freiheit so weit wie möglich zur eigenen Vervollkommnung und damit zum allgemeinen Besten einsetzen.

II. GESELLSCHAFTSKRITISCHE FOLGERUNGEN

Die etwas resignierte Erkenntnis von der Gebrechlichkeit des Menschen läßt in Wieland keine Illusionen hinsichtlich der Möglichkeiten zur Selbstvervollkommnung des Einzelnen aufkeimen. Zu dieser Tatsache steht die Behauptung, "daß die Natur es beim Menschen darauf angelegt habe, ein freies und vernünftiges Wesen aus ihm zu machen" (*Ueber den Neufränkischen Staatseid: "Haß dem Königthum!," W.* 32, S. 41) in keinem Widerspruch. Denn indem die Natur den Menschen mit einem vernünftigen "Instinct" ausrüstet, gibt sie ihm eben nur eine *Anlage* mit auf den Weg, durch welche seine Selbstvervollkommnung keineswegs garantiert wird. Darum ist es wohl auch kein Zufall, daß Wieland zwar oft von der Verpflichtung des Menschen zur "Selbstveredlung" und von der Notwendigkeit seines Strebens nach "innerer Vollkommenheit," unseres Wissens jedoch nirgends von "Selbstverwirklichung"[1] spricht. Welches "Selbst" nämlich könnte der Mensch schon "verwirklichen," welche (doch wohl höhere) *Wirklichkeit* seiner zwiespältigen Natur und unvollkommenen (moralischen) Verfassung erreichen? — Nein: bei Wieland handelt es sich nicht um die Erreichung irgend eines wünschenswerten *Zustandes,* sondern bestenfalls um den Ablauf eines *Prozesses,* jenes Prozesses nämlich, der den Menschen dem Ziel einer denkbaren Vollkommenheit zwar näher bringen, ihn diese jedoch nie erreichen lassen wird. (vgl. auch I., S. 35—36, Anm. 68—72). Über die Schwierigkeiten dieses Prozesses gibt sich Wieland keinen Täuschungen hin, wird aber dennoch bemerkenswerterweise nicht müde, die Menschen zu ihrer Selbstvervollkommnung anzuhalten.

Nun kann der Einzelne an seiner Selbstvervollkommnung mit Aussicht auf Erfolg, wenn überhaupt, so nur als Teil eines größeren Ganzen, nämlich der sich im Staate politisch konstituierenden bürgerlichen Gesellschaft, arbeiten, weil sie Wielands Ansicht nach "der eigentliche wahre Naturstand des Menschen" ist (*Entscheidung des Rechtshandels zwischen Demokratie und Monarchie, W.* 32, S. 102). — Was aber versteht Wieland unter "Naturstand"? Versteht er darunter, wie Schiller etwa, das Zusammenleben in einer staatlichen Gemeinschaft, zu dem der Mensch von Natur aus ohnehin bestimmt ist,[2] oder meint er damit eine soziale Organisation, die auf zweckmäßigen Abmachungen nach Art eines Gesellschaftsvertrages beruht, so wie sich ihn das 17. und 18. Jahrhundert als die natürliche Ausgangsbasis geregelter politischer Verhältnisse vorstellten?[3]

---

[1] So H. Wolffheim, *Wielands Begriff der Humanität,* S. 208, 215, 277 u.a.m. Vgl. damit auch I., Anm. 68.

[2] "Er kommt," schreibt Schiller in *Über die ästhetische Erziehung des Menschen,* a.a.O., S. 574, "aus seinem sinnlichen Schlummer, erkennt sich als Mensch, blickt um sich her und findet sich — in dem Staate."

[3] Vgl. G. Masur, "Naturrecht und Kirche. Studien zur evangelischen Kirchenverfassung Deutschlands im 18. Jahrhundert," *HZ,* 148, 1930, bes. S. 45—51.

Daß Wieland dieser Theorie wenig Glauben schenkte, wissen wir schon. Das lag einmal an seiner Überzeugung davon, daß die Mehrzahl der Menschen gar nicht vernünftig genug sei, um einen entsprechenden Vertrag überhaupt abschließen zu können; zum anderen an seiner Überlegung, daß zur Wahrung eines vertragsmäßig hergestellten politischen Gleichgewichts nicht nur die gesetzlich verankerte theoretische, sondern vor allem auch die in der Praxis wirksame Gleichheit der beiden Vertragspartner gewährleistet werden müßte, was jedoch in Anbetracht des Machtbedürfnisses ehrgeiziger Einzelner nicht anzunehmen sei. Und schließlich dürfte seine Haltung von Shaftesbury beeinflußt worden sein, der zu jenen wenigen aber bedeutenden Wegbereitern der Aufklärung gehört, welche die Vertragstheorie darum verwarfen, weil ihnen deren formale, legalistische Begründung oberflächlich und die darauf bauende Erklärung des gesellschaftlichen Zusammenschlusses fragwürdig erschien. Shaftesbury hielt diesen Zusammenschluß für das Ergebnis eines dem Menschen angeborenen moralischen Sinnes, der den Bestand der Gesellschaft zugleich aus dem Rahmen des Zufälligen in den Bereich des zeitlos Gültigen heraushebt: " 'Tis ridiculous to say there is any Obligation on Man to act sociably, or honestly, in a form'd Government ... Faith, Justice, Honesty, and Virtue must have been as early as the State of Nature ... The Civil Union cou'd never make Right or Wrong ... He who was free to any Villainy before his Contract, will, and ought to make as free with his Contract ... A Man is oblig'd to keep his Word ... Is not this a notable Account of the Original of Moral Justice, and the Rise of Civil Government and Allegiance!"[4]

In der *Lustreise ins Elysium* bedient sich Wieland zur allseitigen Untersuchung der Vertragstheorie der Gesprächsform. Nach Art Lucians verteilt er die Rollen auf verschiedene Gesprächspartner, von denen jeder zwar einen anderen Standpunkt vertritt, die in diesem Falle jedoch alle von der prinzipiellen Gleichheit der Menschen im Sinne vernunftbegabter Wesen ausgehen. – Sobald ein Vertrag abgeschlossen wird, der einem der beiden Kontrahenten die Ausübung der Gewalt im Staate überläßt, fragt es sich, wie die ursprüngliche Gleichheit zu wahren sei: "Ein Vertrag zwischen einem ganzen Volke ... und einem einzelnen Manne als König ... ist ein Vertrag zwischen sehr ungleichen Parteien, und der König wird sich also fürs erste an einer sehr eingeschränkten Gewalt begnügen müssen? " Die Antwort: "Desto besser! Natürlicherweise wird man über gewisse Grundgesetze einig werden, zu deren Befolgung sich sowohl der König als das Volk anheischig macht" (W. 31, S. 417) zeugt zwar von Optimismus, überzeugt aber nicht. Menschenkenntnis und politischer Scharfblick sagen Wieland, daß die Hoffnungen auf Einhaltung solcher Übereinkünfte sich in der Praxis meistens als eitel erweisen. Ist nämlich die Gewalt einmal "in den Händen des Königs, so kannst du dich darauf verlassen, daß er bald genug Mittel

---

4 *Characteristicks* . . . , a.a.O., S. 109ff.

finden wird, durch die Schranken des Vertrags zu brechen . . . Ist sie aber in den Händen des Volkes, wer soll die Unterthanen zu Erfüllung ihrer Vertragspflichten zwingen . . . Was hilft also dein ursprünglicher Vertrag, der . . . nicht länger gilt, als ihn der eine oder andere Theil gelten lassen will? " (ebda., S. 418–419)

Theoretisch läßt sich zwar gegen diese Meinung manches einwenden. Der Idealist ist geneigt, dem Juristen beizupflichten, der behauptet, ein einmal abgeschlossener Vertrag könne "seine Verbindlichkeit durch unrechtmäßige Eingriffe eben so wenig verlieren, als irgend eine Pflicht dadurch, daß sie übertreten wird, aufhört Pflicht zu seyn." Den Skeptiker in Wieland freilich beeindruckt dieser Einwand nicht: "Ein herrlicher Trost für die Unterdrückten! Um wie viel wird ihr Zustand etwa durch den Gedanken, daß sie Unrecht leiden, gebessert? Aber dieses armseligen Trostes hätten sie sich durch die Vorwürfe beraubt, die sie sich selbst über den Umstand machen müßten, ihre Rechte und Freiheiten auf einen so schwachen Grund, als Worte oder geschriebene Buchstaben sind, gebaut zu haben." (ebda., S. 419)

Sprechen denn aber nicht Wahrscheinlichkeit und Augenschein dafür, daß ein ganzes Volk mächtig genug ist, einen Einzelnen nach Belieben gewaltsam zur Erfüllung seiner vertraglich festgelegten Pflichten zu zwingen? Wieland bestreitet das: "Zehntausend Mal tausend schwache Menschen sind zusammengezählt nicht stärker gegen einen überwiegenden Starken, als es jeder von ihnen einzeln ist." (*Ueber das göttliche Recht der Obrigkeit*, W. 30, S. 292) Somit ist den Unterdrückten offenbar nicht zu helfen, denn selbst Revolutionen scheinen aus diesem Grunde nicht nur aussichtslos, sondern von vornherein ausgeschlossen zu sein — von weniger gewaltsamen Mitteln zur Veränderung ganz zu schweigen.

Wenn Wieland aber tatsächlich aller geschichtlichen Erfahrung ungeachtet dieser Ansicht gewesen wäre, hätte er durch die Französische Revolution umdenken lernen müssen. Das war jedoch gar nicht nötig. Die obige Feststellung nämlich beruht auf der Voraussetzung, daß ein Herrscher es mit *schwachen* Menschen zu tun habe, solchen also, die sich ihrer Fähigkeiten (noch) nicht bewußt (geworden) sind. In dem Augenblick hingegen, "wie es bei einem Volke in den Köpfen . . . etwas heller wird, wird es nachgerade unmöglich, ihm die Gebrechen, unter welchen es leidet, länger zu verbergen. Bald wird es der Mittel gewahr, wodurch ihm geholfen werden könnte, und jede Classe, jeder Stand, jede Gemeinheit, jeder Einzelne will seinen Beschwerden geholfen wissen . . . und nun bedarf es nur äußerlicher Veranlassungen und Reize, so wird dieser Wille unversehens zur lauten Stimme, und die Revolution beginnt." (*Blicke in die Zukunft* [1798], W. 32, S. 256–257)

Freilich setzt dieser "Wille" zweierlei voraus: eine "Erhellung" der Geister und die Ungeduld der mit ihrem Los unzufriedenen Volksmasse. Da beides aber nur selten zur gleichen Zeit zutrifft, folgt nach wie vor, daß die Machthaber vor Volksaufständen weitgehend gesichert sind. Dafür macht Wieland den Knechtssinn der Menschen verantwortlich, weil dieser ihre ohnehin große Langmut beinahe ins Unendliche verlängert. "Alle Menschen," meint er darum, "und vornehmlich rohe Menschen (die überall und zu allen Zeiten den größten Haufen ausmachen) werden durch die Gewohnheit geleitet. Wer, so oft es die Noth erheischte, ihr Anführer war, wird unvermerkt bei allen Gelegenheiten für den ersten anerkannt." (*Eine Lustreise ins Elysium,* W. 31, S. 413)

Während die Herrscher also stets nach weitestgehender Machtentfaltung trachten, neigen die Völker dazu, sich beherrschen zu lassen. Ein alter "Grundsatz," behauptet Wieland in *Ueber das göttliche Recht der Obrigkeit,* besage, ". . . es liege in der menschlichen Natur ein angeborener Instinct, denjenigen für unsern natürlichen Obern, Führer und Regenten zu erkennen und uns willig von ihm leiten . . . zu lassen, dessen Obermacht wir fühlen, und dieß sey die erste Quelle der obrigkeitlichen Gewalt unter den Menschen gewesen." (W. 30, S. 294ff.) Aus dieser Prämisse schließt er darum folgerichtig, "die bürgerliche Verfassung sey nicht sowohl ein Kunstwerk des menschlichen Verstandes, als vielmehr das Resultat des Bedürfnisses, der Nothwendigkeit und zufälliger Umstände,"[5] und gerade dieser Satz erhellt den engen Zusammenhang zwischen seinen gesellschaftlich-politischen Anschauungen und seiner Erkenntnis der Grenzen der menschlichen Freiheit. Die Frage nach seinen Vorstellungen von den Anfängen des gesellschaftlichen Zusammenlebens beantwortet er allerdings nicht.

Das liegt nicht zuletzt daran, daß Wieland mindestens zwei voneinander scharf getrennte Vorstellungen damit verband. Der einen zufolge lebten die Menschen anfänglich in einer Art idyllischen Urzustandes, der anderen gemäß in wilder Anarchie. Als eine Naturidylle malt Wieland das frühe Dasein der Menschheit hauptsächlich in seinen gegen Rousseau gerichteten kulturhistorischen Aufsätzen aus den 70er Jahren, doch finden sich verwandte Darstellungen auch in seinen Romanen, bis zum *Agathodämon* (1799) hin. In den politischen Aufsätzen aus den Jahren der Französischen Revolution dagegen schildert er mit Vorliebe jene Gesetzlosigkeit, die er zuvor im *Goldnen Spiegel* (1772) bereits mit krassestem Realismus seinen Lesern bewußt schockierend vor Augen geführt hatte, ohne wohl "einmalige historische Fakten," sondern vielmehr eine "Projektion zum Gültigen und Immerwiederkehrenden" geben zu wollen.[6]

Ähnliches beabsichtigte er mit seinen Idyllen. Sie müssen in erster Linie als polemische, ironisch gefärbte Hiebe gegen Rousseau verstanden werden. Dessen Beschäftigung mit dem Menschen als Individuum hatte in Wieland den Eindruck hervorgerufen, Rousseau hätte sich die ersten Menschen als Einzelgänger

---

5 *Eine Lustreise ins Elysium,* W. 31, S. 441. Im Vergleich dazu ist Lessing der Ansicht, die Staaten seien zwar "Mittel menschlicher Erfindung," doch habe die "Natur" es "so eingerichtet, daß der Mensch sehr bald auf diese Erfindung gerathen müssen." (*Ernst und Falk,* a.a.O., Bd. 13, S. 352)

6 Wolffheim, a.a.O., S. 223–224.

vorgestellt.[7] Das hielt er für grundfalsch: ". . . der Mensch braucht nur seine Augen aufzuheben und einen andern Menschen zu erblicken, um die süße Gewalt des sympathetischen Triebes zu fühlen, der ihn zu seines Gleichen zieht." (*Betrachtungen über J. J. Rousseau's ursprünglichen Zustand des Menschen,* W. 29, S. 178)

In Anbetracht von Wielands zurückhaltender Einschätzung der geistigen und sittlichen Qualitäten durchschnittlicher Menschen überrascht es nicht, daß er nicht die Vernunft, sondern einen Trieb für die bewegende Kraft hielt, die den gesellschaftlichen Zusammenschluß bewirkt. Obwohl ursprünglich weiter nichts als ein bloßes Geselligkeitsbedürfnis, sei dieser "sympathetische" Trieb doch mächtig genug, um beispielsweise einem langfristig seiner Freiheit und jeglichen gesellschaftlichen Umganges beraubten Menschen "sogar eine ekelhafte Spinne" als einen "Gegenstand für seine zärtlichsten Regungen" erscheinen zu lassen (ebda., S. 179).

Demnach bedürfen die Menschen zum gesellschaftlichen Zusammenschluß, zu dem das Geselligkeitsbedürfnis bereits einen ersten Anstoß liefert, eines weiteren, stärkeren Triebes, der das Gemeinschaftsleben festigt, dessen Berücksichtigung Wieland an der Gesellschaftstheorie Rousseaus aber vermißt hatte. Er hatte den Schweizer dahingehend verstanden, daß der Mensch sich im Naturzustand wie ein Tier verhalte, das weitgehend sexuell motiviert werde und dessen Zeugungsakt kaum mehr als ein "Geschäft," eine Notdurfthandlung sei, die sich aus einer instinktiven, zufälligen, wahllosen Begegnung der Partner ergebe.

Dieser Gedanke widerstrebte Wieland, und es lag ihm daran, den gesellschaftlichen Beginn nicht allein auf die Macht des "sympathetischen Triebes" zurückzuführen, sondern ihn womöglich aus dem Bereich der niedern Triebe gänzlich herauszulösen und auf die Stufe des göttlichen Prinzips in der Natur zu heben: "Wenn der Urheber des Menschen . . . den Trieben, von welchen die Vermehrung die Folge ist, einen Theil dieser göttlichen Wollust . . . eingesenkt hat: so kann ich nichts Anderes vermuthen, als daß es darum geschehen sey, weil dieses Geschäft, wiewohl an sich selbst bloß animalisch, für das menschliche Geschlecht von solcher Wichtigkeit ist, daß er es in dieser Betrachtung würdig fand, die Menschen durch dieselbe Belohnung, die er mit den edelsten Handlungen verbunden hat, dazu einzuladen." (*Koxkox und Kikequetzel,* W. 21, S. 264–265)

Es wurde bereits darauf hingewiesen, daß Wieland die Liebe offenbar für eine der wesentlichsten Voraussetzungen des menschlichen Zusammenlebens hielt.

---

7 Vgl. die *Betrachtungen über J. J. Rousseau's ursprünglichen Zustand des Menschen,* W. 29, S. 170, wo Wieland Rousseau folgendermaßen zitiert: "Sich die ersten Menschen in eine Familie vereinigt vorstellen, das hieße den Fehler derjenigen begehen, die, wenn sie über den Stand der Natur raisonniren, die Ideen mit hineinbringen, welche sie aus der Gesellschaft entlehnt haben . . ."

Sie bedeutete ihm mehr als Zuneigung, Sympathie und Sinnenreiz.[8] Er sah in ihr ein göttliches Geschenk, das die Güte der Vorsehung beweist, die es vermag, "den höchsten Grad des Vergnügens, dessen der Mensch fähig ist, mit denjenigen Empfindungen unauflöslich zu verbinden, welche den großen Endzweck seines Daseyns unmittelbar befördern." (ebda., S. 263) Da selbst die rohesten Naturmenschen einer Zuneigung fähig seien, die "in gewissem Sinne der höchste Grad der Liebe ist" (ebda., S. 289–290), hätten sie das Bedürfnis und die Möglichkeit, auf dem Unterbau der Familie Gemeinschaftswesen komplexerer Art zu entwickeln.

Somit ist für Wieland die Familie ebenso die Keimzelle der Gesellschaft wie z.B. für Schiller, obwohl sie nach dessen Verständnis ihren Zusammenhalt eher der väterlichen Autorität als der Liebe verdankt: "Das väterliche Ansehn hatte die Natur gegründet, weil sie das hülflose Kind von dem Vater abhängig machte und es ... gewöhnte, seinen Willen zu ehren ... und durch die lange Beobachtung dieses Gebrauches gründete sich ... eine natürliche ... Obergewalt ... welche die allgemeine Gleichheit ... befestigte."[9]

Doch überschätzt Wieland die Rolle nicht, welche die Liebe beim gesellschaftlichen Zusammenhalt spielt. In dem späten Aufsatz *Menander und Glycerion* (1803) schreibt er über seine Heldin: "Sie behauptet sogar, die Ehe an sich selber habe mit der Liebe nichts zu schaffen: sie sey nichts als ein bürgerlicher Vertrag, zu dessen Erfüllung bloße Redlichkeit, ja schon die bloße Rücksicht auf die damit verknüpften Vortheile völlig hinreiche, und sie will nicht zugeben, daß ein so schönes Bündnis, wie unsre Liebe, in einen Contract verwandelt werde. – Mich dünkt, meine Natur-Philosophin hat im Grunde Recht. Wenn gleich die Ehe zur Gründung der ersten bürgerlichen Gesellschaften unentbehrlich war und es für die zahlreichsten Volksclassen, um sie in Zucht und Ordnung zu erhalten, immer bleiben wird: bei edeln und gebildeten Menschen fallen jene Ursachen weg, und diese bedürfen keines solchen Zwangmittels." (W. 21, S. 24)

Ein Vorgriff auf die Moralvorstellungen unserer Zeit? Kaum, denn es ist eben nur eine Elite der Aufgeklärten, bei denen der eheliche "Zwang" möglicherweise für entbehrlich gelten darf. Umgekehrt bedeutet das freilich, daß die Gesellschaft vorwiegend ohne das Band der Liebe weiterbestehen kann, solange die zwischenmenschlichen Bindungen gesetzlich hinreichend sanktioniert und geregelt sind. Damit setzt sich Wieland vielleicht dem Vorwurf des Zynismus aus, während seine Ansicht von der Entbehrlichkeit der Ehe unter "edeln und gebildeten Menschen" den konventionellen Auffassungen seiner Tage nicht weniger zuwiderläuft als denen Rousseaus.

Diesem tritt er auch mit seinen Vorstellungen über den Ursprung und die Bedeutung der Sprache entgegen. Während nämlich Rousseau, Wieland zufolge,

---

8 Vgl. Wielands Ausführungen darüber in *Koxkox und Kikequetzel*, W. 21, S. 289.
9 Schiller, *Etwas über die erste Menschengesellschaft*, a.a.O. S. 777.

durch seine Blickrichtung auf den Einzelnen bedingt, annimmt, die Menschen hätten ursprünglich zu wenig miteinander gemein gehabt, als daß die Sprache ein "sehr nothwendiger Dolmetscher der Dinge" hätte gewesen sein können (*Betrachtungen über J. J. Rousseaus ursprünglichen Zustand des Menschen*, W. 29, S. 170), ist sie für Wieland das Band, das die Gesellschaft zusammenhält. Er glaubt, daß die Anfänge der Sprache in der dem Menschen "natürlichen Anwendung seines Verstandes" zu suchen sind (vgl. I., S. 38) und auf die Versuche zurückgehen, bestimmten Empfindungen durch angemessene Laute Ausdruck zu verleihen: "Auch bei der einfältigsten Lebensart lassen sich hundert Fälle denken, wo es nicht darauf ankommt, mit dem Herzen des Anderen zu reden, sondern mit seinem Kopfe, und wo dasjenige, was man ihm zu sagen hat, durch Geberden entweder gar nicht oder nur auf eine zweideutige und mühsame Art zu verstehen gegeben werden kann . . . Das . . . Verhältniß zwischen gewissen Tönen und . . . Empfindungen . . . konnte [den Menschen] nicht lange unbemerkt bleiben . . . Sie hätten sich angewöhnt, die geläufigsten dieser Töne zu Bezeichnung derjenigen Dinge, womit sie am meisten zu thun hatten, zu gebrauchen . . . So wären sie nach und nach . . . die Erfinder einer Sprache geworden . . ." (*Koxkox und Kikequetzel*, W. 21, S. 297ff.) – Insofern berührt sich Wieland abermals mit Schiller, denn die "Erfindung" der Sprache ist als ein Akt der mit Hilfe seines Verstandes bewerkstelligten Befreiung des Menschen von den ihm durch die Natur gesetzten Schranken aufzufassen.[10] Zugleich jedoch darf, wie bereits in einem anderen Rahmen festgestellt worden ist,[11] nicht übersehen werden, daß Wielands Kritik an Rousseau den Kern der Sache kaum berührt. Darüber hinaus steht seine eigene Behauptung, derzufolge die Menschen "alles Einwendens von Seiten Rousseau's ungeachtet, zum geselligen Leben erschaffen seyen" (*Ueber die von J. J. Rousseau vorgeschlagenen Versuche den wahren Stand der Natur des · Menschen zu entdecken*, W. 29, S. 210), in teilweisem Widerspruch zu seinen eigenen Vorstellungen über die Anfänge der Gesellschaft, auf die wir noch zurückkommen werden. Sie stehen in solch schroffem Gegensatz zu seinen Naturidyllen, daß sich die Vermutung aufdrängt, diese seien der Niederschlag einer anakreontischen, vorromantischen Sehnsucht des Dichters nach einer unwiederbringlich verlorenen, "natürlichen" Eintracht unter den Menschen. Bei genauerer Betrachtung stellt es sich freilich heraus, daß er sich des fiktiven Charakters derartiger "Gemälde" völlig bewußt war. Wohl

---

10 Vgl. I., Anm. 83, sowie Schiller, *Über das Erhabene*, a.a.o., Bd. 5, S. 793, wo der Mensch als "realistisch" frei bezeichnet wird, wo immer er "der Gewalt Gewalt entgegensetzet, wenn er als Natur die Natur beherrschet." Zu solcher Freiheit verhelfe ihm die "physische Kultur," in der er "seinen Verstand und seine sinnlichen Kräfte" ausbilde, "um die Naturkräfte nach ihren eigenen Gesetzen entweder zu Werkzeugen seines Willens zu machen oder sich vor ihren Wirkungen . . . in Sicherheit zu setzen."

11 Vgl. T. Klein, *Wieland und Rousseau;* D. J. Allan, "Nature, Education and Freedom according to Jean-Jacques Rousseau," P, 12, 1937, S. 191–207; bes. aber Cassirer, *Rousseau, Kant, Goethe*, S. 33ff.

mögen sie vorübergehende Fluchtversuche Wielands vor der Wirklichkeit darstellen. Außerdem sollen sie dem Leser aber vielleicht eine *Möglichkeit* des Zusammenlebens vor Augen führen und verdanken ihre Entstehung wahrscheinlich jenen seltenen Augenblicken, da sich das Augenmerk des *Aufklärers* Wieland auf die positiven Seiten der menschlichen Natur richtete.

Allerdings blieb Wieland auch dann immer noch nüchtern genug zu gestehen, daß die Vergänglichkeit des idyllischen "Naturstandes" nicht zu bedauern sei,[12] und daß "ein so beneidenswerter Zustand nur in einer kleinen Familie möglich war" (*Koxkox und Kikequetzel,* W. 21, S. 302). — Ganz anders Schiller, obwohl dessen Ansichten hierüber denjenigen Wielands insofern ähneln, als auch er den Verlust des Naturstandes keineswegs bedauert. Im Gegenteil: der Mensch mag zwar im Schoße der Natur verhältnismäßig sorglos und als "Pflanze und Tier . . . vollendet" gewesen sein. Seiner Bestimmung gemäß ist er aber dann "aus der Vormundschaft des Naturtriebs . . . getreten, frei und also moralisch" geworden.[13] Für Schiller nämlich ist der Mensch, ungeachtet seiner Schwächen und Unzulänglichkeiten, in erster Linie "eine moralische Person, und für diese ist es Pflicht, die Natur nicht über sich herrschen zu lassen, sondern sie zu beherrschen."[14] Aus diesem Grunde betrachtet Schiller, im Gegensatz zu Wieland, die Entwicklung des Menschen von "Pflanze und Tier" zu "Person," d.h. also zu einem moralischen Wesen, als eine Notwendigkeit, während Wieland die Zerstörung des Naturparadieses, so wie er es in *Koxkox und Kikequetzel* etwa schildert, als ein zufälliges Ereignis darstellt und behauptet, daß es "nur einen einzigen Umstand braucht, um eine Unschuld zu zerstören, die ihre ganze Stärke von Unwissenheit und Gewohnheit erhält" (W. 21, S. 303). Dieser Umstand ist die Ankunft Tlaquatzins, dessen rohe und selbstsüchtige Art bewußt in grellen Farben ausgemalt wird, um die Unwahrscheinlichkeit des sanften Wesens des "Rousseauschen" edlen Wilden, Koxkox, so kraß wie möglich hervorzuheben. Kikequetzel, fasziniert durch die Urwüchsigkeit Tlaquatzins, verliebt sich in ihn, und die Eifersucht der Rivalen führt unvermeidlich zu einer Auseinandersetzung, die mit Koxkox' Verstoßung aus der Urgemeinschaft endet.

In Anbetracht der Triebhaftigkeit, die den Menschen (nach Wieland) selbst im Zustand paradiesischer Unschuld so unvorteilhaft auszeichnet, ist Wielands Skeptik bezüglich der Zukunft der Menschheit durchaus folgerichtig, denn selbst Schiller meint ja, daß der "ästhetische Staat," der "dem Bedürfnis nach . . . in jeder feingestimmten Seele" existiere, "der Tat nach . . . wohl nur, wie die reine

---

12 J. McNeely bemerkt dazu: ". . . to Wieland's mind such happiness is really not conceivable at all. Although he may often allow himself to indulge in dreams of a golden age, he is by no means convinced that there ever was a period of perfect primitive happiness." ("Historical Relativism in Wieland's Concept of the Ideal State," *MLQ,* 22, 1961, S. 273)

13 *Etwas über die erste Menschengesellschaft,* a.a.O., S. 767—768.

14 *Über das Pathetische,* a.a.O., Bd. 5, S. 515.

Kirche und die reine Republik, in einigen auserlesenen Zirkeln" zu verwirklichen sei.[15]

Solche Gegenüberstellungen erhellen die Kluft, die das im wesentlichen noch vor-Kantische Weltbild Wielands von demjenigen Schillers trennt. Das wird noch deutlicher dort, wo Wieland auf die Gründe für den Verfall der "natürlichen" Gemeinschaften eingeht. Dieser wird bezeichnenderweise weder auf soziale Unterschiede noch auf Sittenverderbnis zurückgeführt. In *Koxkox und Kike-quetzel* z.b. sind die Einzelnen von Natur aus gleichberechtigt. Die Zerstörung des Liebesverhältnisses des ursprünglichen Paares unterliegt keiner moralischen Bewertung, da seine Beziehung lediglich auf "Unwissenheit und Gewohnheit" beruht. Auch bestreitet Wieland, daß der "Vorwitz oder die Begierde, mehr zu wissen, als uns gut ist, die erste Quelle aller moralischen Uebel gewesen sey" (*Ueber die von J. J. Rousseau vorgeschlagenen Versuche . . .* , W. 29, S. 235), weil dem Humanisten und Aufklärer diese spezifisch christliche Lehre absurd erscheint. Die Mythen von der "Höhle der Nymphen" und der "Büchse der Pandora" schließlich verwirft er ebenfalls, obwohl er weiß, daß es Leute gibt, die "in dieser berüchtigten Büchse eine allegorische Vorstellung der Einführung des Eigenthumsrechts unter Menschen finden, – wovon sie sich irriger Weise einbilden, daß sie der Zeitpunkt der sittlichen Verderbniß . . . gewesen sey; – mehr anderer Meinungen zu geschweigen, welche zum Theil noch gezwungener sind als diese." (ebda., S. 236)

Trotz solcher Seitenhiebe auf gewisse bereits bei Locke vorgeprägte[16] Hypothesen der Gesellschaftstheorie Rousseaus[17] entfernt sich Wieland in anderer Hinsicht nicht allzu weit von ihr. Denn auch ihm erscheint der Unterschied zwischen Schein und Sein als Symptom moralischer Dekadenz, welche die Sage von der Büchse der Pandora ja ebenfalls versinnbildlichen soll. Diese bedeutet ihm darum "weder mehr noch weniger als eine wirkliche Büchse, im eigentlichen Wortverstande, und zwar – eine Schminkbüchse; ein unglückliches Geschenk, wodurch die betrügerische Pandora unendlich mehr Böses gestiftet hat, als der Vorwitz, das Eigenthum und die Grotte der Nymphen." Durch diese Büchse seien "Scheinen und Seyn, welche Eins seyn sollten . . . Zweierlei" geworden.[18]

---

15 *Über die ästhetische Erziehung des Menschen*, a.a.O., S. 669.

16 Vgl. L. Strauss, "On Locke's Doctrine of Natural Right," *PhR*, 61, 1952, S. 475–502, der hervorhebt, bei Locke liege "the end of civil society" in "the preservation of property" (S. 448).

17 A. B. Gibson erinnert an Rousseaus Überzeugung, daß "the civilisation of his day was radically corrupt . . . The rich and powerful . . . contrived . . . 'the most deeply calculated scheme which has ever entered into the wit of men'. They took advantage of the ignorant . . . multitude to enslave it." ("The Political Philosophy of Jean Jacques Rousseau," *AJPP*, 6, 1928, S. 161–183; unser Zitat: S. 161.)

18 *Ueber die von J. J. Rousseau vorgeschlagenen Versuche . . .* , W. 29, S. 236. – Vgl. damit H. Barth, "Über die Idee der Selbstentfremdung des Menschen bei Rousseau," *ZPF*,

Die Ironie, mit der Wieland auf diese Weise die zivilisatorischen Schwächen seines Jahrhunderts geißelt, kann die Tatsache nicht verdecken, daß er der tieferen Bedeutung der christlichen Sündenlehre bei weitem nicht gerecht wird, indem er vom "Vorwitz" spricht. Eine derart verflachende Auslegung wird auch dadurch nicht besser, daß sich einige andere der besten Geister seiner Zeit ihrer gleichfalls schuldig machen. Bei Wieland geht sie auf die Überzeugung zurück, daß sich die von einem "bösen Dämon" besessene Menschheit zwar "ewig im nämlichen Kreise von Tugend und Laster . . . herumtreiben wird," dies aber nicht tragisch zu nehmen sei, weil in dieser Welt letztlich doch alles zum besten bestellt ist. Dementsprechend verliert die in der Lehre von der Erbsünde enthaltene Vorstellung von dem ursprünglichen und fortdauernden Abfall des Menschen von Gott ihren Sinn und büßt zugleich ihre symbolische Schicksalhaftigkeit ein, wenn Wieland behauptet, daß "hundert andere zufällige Begebenheiten, früher oder später, vermuthlich die nämliche Wirkung hervorgebracht haben würden . . ." (*Koxkox und Kikequetzel*, W. 21, S. 324).

Schreibt Wieland mit *Koxkox und Kikequetzel* eine Parodie auf den Sündenfall des ersten Paares, so möchte er mit der *Reise des Priesters Abulfauaris ins innere Africa* ein Beispiel der Zerstörung des harmonischen Zusammenlebens einer kleinen Volksgemeinschaft geben, deren natürliche Unschuld und familiäre Eintracht durch Berührung mit der zivilisierten Außenwelt − der "Büchse der Pandora" − vernichtet werden.[19] Eine Variante dieses Themas enthält *Der goldne Spiegel*, worin eine "kleine Nation, welche ungefähr aus fünfhundert Familien besteht," beschrieben wird, die "in einer vollkommenen Gleichheit" lebt, weil ihre Glieder "keines andern Unterschiedes bedürfen, als den die Natur selbst, die das Mannichfaltige liebt, unter den Menschen macht" (W. 7, S. 79).

Die enge Beziehung, in die Wieland bei derartigen Gelegenheiten Natur und Menschen zueinander bringt, kennzeichnet jene Denkrichtung seines Jahrhunderts, die im Physiokratismus ihren spezifisch ökonomisch-politischen Niederschlag fand. Gemeinsame Bekanntschaften[20] lassen auf Wielands Sympathien mit dieser Bewegung schließen, der er sich freilich, seiner praktischen Natur gemäß,

---

13, 1959, S. 16−35: "Kultur ist [für Rousseau] Verstellung, Lüge . . . Sie ist Absage an die eigene Bestimmung . . . Der Makel der Kultur besteht in der Diskrepanz zwischen Sein und Schein." (S. 22)

[19] W. 29, S. 243ff. Auf den Zusammenhang zwischen Eitelkeit ("Büchse der Pandora") und Erotik spielt Wieland in der *Geschichte des weisen Danischmend*, W. 9, S. 104−105 an: "Die Männer ließen sich mit fünfköpfigen Bildern und die Weiber mit Lingams begaben, welche sie . . . an einer seidnen Schnur auf ihrem Busen trugen. Eine Närrin machte die andre; denn, außerdem daß ihnen die Fakirn Wunderdinge von Rutrens Paradiese erzählten, war so ein − ich weiß nicht was in dem Lingam, das sich besser empfinden als sagen ließ."

[20] K. Braunreuther erinnert an Iselin, den "Schweizer. Seine Beziehungen nicht nur zu deutschen Physiokraten, sondern auch zu anderen deutschen Aufklärern, wie . . . Wieland . . . sind vielfältig." (S. 32 in "Über die Bedeutung der physiokratischen Bewegung in Deutschland in der zweiten Hälfte des 18. Jahrhunderts," *WZUB*, 1, 1955−1956, S. 15−65.)

nie förmlich angeschlossen hat,[21] obwohl ihm ihre Theorie annehmbarer erschien als die des damals an vielen Höfen noch immer recht populären Merkantilismus. Trotz seiner Vorliebe für die Monarchie war Wieland nämlich zu liberal gesinnt, um an einer Wirtschaftslehre Gefallen zu finden, die durch ihre Autarkiebestrebungen und ihren extremen Fiskalismus[22] den Despotismus und die absolute Staatsräson stärkte. "Wir nähren und bekleiden uns von unsern eigenen Produkten," heißt es zwar im *Goldnen Spiegel,* aber "das Wenige, was uns abgeht, tauschen wir ... gegen unsern Ueberfluß ein" (W. 7, S. 79). In Übereinstimmung mit den Physiokraten befürwortete er die konstitutionelle Begrenzung der Monarchie, mit dem Unterschied allerdings, daß er dafür politische Maßnahmen vorsah, während die Physiokraten das gleiche Ziel auf wirtschaftlichem Umweg zu erreichen versuchten.[23] Wie sie glaubte er daran, daß Menschen, die mit der Scholle verwachsen sind, ein natürlicheres und zufriedeneres Dasein führen als die Städter in ihrer künstlichen Umgebung. Dabei war er selbst ein Stadtmensch, dessen landwirtschaftliche Tüchtigkeit als Besitzer des Gutes Oßmannstedt stets bescheiden blieb und dessen Vorliebe für das Landleben gewöhnlich dann am stärksten war, wenn er einer Abwechslung von Weimar oder der Ruhe zur schriftstellerischen Tätigkeit bedurfte.

Sein Standpunkt wird gekennzeichnet durch ein tiefes Mißtrauen allen unpraktischen und widernatürlichen Experimenten gegenüber, für welche die Merkantilisten eine besondere Schwäche hatten.[24] Sein "Danischmend ... verstand wenig oder nichts von der Landwirthschaft. Kraft dieser seiner Unwissenheit wollte er nichts besser wissen, als die Natur, bepflanzte seine Felder nicht mit Disteln, um eine Manufactur von ihrer Wolle anzulegen, pflügte mit dem Pfluge seiner Voreltern und machte keine Versuche, die ihm mehr kosteten, als sie werth waren." (*Die Geschichte des weisen Danischmend* [1775], W. 9, S. 9) Doch der Grund dafür war kein Mangel an Aufgeschlossenheit oder die Furcht vor dem Fortschritt an sich, sondern Wielands feines Gefühl für Proportionen und Möglichkeiten. Dieses setzte nicht zuletzt seiner Phantasie hinsichtlich der Erwünschbarkeit einer vorbehaltlosen Rückkehr zur Natur, in der er keine Lösung der gesellschaftlichen Probleme sehen mochte, feste Grenzen.

Keine seiner Naturidyllen erweist sich als lebensfähig genug, um die Belastungen zu überstehen, welche die unvermeidliche Berührung mit der

---

21 Vgl. O. Vogt, *Der goldne Spiegel und Wielands politische Ansichten,* S. 80.
22 J. Van Klaveren, " Fiskalismus — Merkantilismus — Korruption," *VSWG,* 47, 1960, S. 333—353, bes. S. 333.
23 M. Albaum, "The Moral Defenses of the Physiocrats' Laissez-Faire," *JHI,* 16, 1955, S. 179—197, bes. S. 195ff.
24 Vgl. dazu u.a. T. P. Neill, "Quesnay and Physiocracy," *JHI,* 9, 1948, S. 153—173, bes. S. 163ff.; Braunreuther, a.a.O., S. 52ff.; F. Hartung, "Der aufgeklärte Absolutismus," *HZ,* 180, 1955, S. 15—42, bes. S. 33; u. W. Treue, "Das Verhältnis von Fürst, Staat und Unternehmer in der Zeit des Merkantilismus," *VSWG,* 44, 1957, S. 26—56, bes. S. 52ff.

Zivilisation nach sich zieht. Seine Jemaliter in der *Geschichte des weisen Danischmend* bilden hierzu keine Ausnahme. Während diese Einsicht einem Kulturpessimisten Stoff zur Polemik gegen die Schattenseiten unseres Lebens geliefert hätte, baut Wieland auf die moralischen Reserven der Menschen. Er glaubt, daß "wir uns dann und wann betrügen, wenn wir so gar nicht begreifen ... können, daß es wirklich gute und edle Menschen gebe." (ebda., S. 131) Weil es sie aber gibt, kann z.b. Faruck, einer der Jemaliter, seinem Freund Danischmend berichten, es befände sich unter seinen ursprünglich so glücklichen Landsleuten "eine nicht unbeträchtliche Anzahl," die "sich ... von der Ansteckung, die sich ... über unser ganzes Ländchen verbreitete, immer rein erhalten" haben (ebda., S. 265). Wir erfahren zwar nicht, ob dies ein Beweis "moralischen Heldenthums," angeborener Lauterkeit, oder einer entsprechenden Erziehung ist. Für Wieland ist die Tatsache schlechthin von Bedeutung, selbst wenn sie keine Aussicht auf eine anhaltende Besserung und moralische Vervollkommnung der Menschheit bietet.

Wichtig ist ferner der Gedanke, daß die Menschen eine höhere Daseinsstufe nicht anders als auf dem Umweg über den Verlust ihrer "natürlichen" Unschuld zu erreichen vermögen. Da diese auf Unwissenheit beruht, ist sie nicht wirklich wertvoll und beständig, und genau wie Diogenes von Sinope über das "einfältige Volk" seiner *idealen* Inselrepublik ausrufen kann: "Arme Geschöpfe! ich bedaure eure Unwissenheit" (*Nachlaß des Diogenes von Sinope*, W. 19, S. 124 u. 140), spricht Danischmend verächtlich von den "schwachsinnigen Jemalern" (*Geschichte des weisen Danischmend*, W. 9, S. 181). Der hier spürbar werdende Mangel an Sympathie mit derartigen "Geschöpfen" erklärt, warum Wieland im *Goldnen Spiegel* ausführt: "Die Geschichte des Emirs und der Kinder der Natur sollte ... nur so viel darthun: daß es ganz verschiedene Sachen seyen, ein kleines, von der übrigen Welt abgeschnittenes Volk, und eine große Nation, welche in Verbindung mit zwanzig andern lebt, glücklich zu machen ... Weder Psammis noch Confucius, noch ... die ächten Nachfolger unsers Propheten ... hätten eine Gesetzgebung erfinden können, wodurch alle Angehörigen eines großen Staats so frei, ruhig, unschuldig und angenehm leben könnten, als die sogenannten Kinder der Natur" (W. 7, S. 95—96).

Wenn der Fortbestand idyllischer Lebensverhältnisse so stark von der Unwissenheit einfältiger "Naturkinder" abhängt, ist es natürlich mehr als fraglich, ob ein Zusammenleben in dem "anarchischen Stand der primitiven Gesetzlosigkeit und Wildheit" (*Göttergespräche* XII, W. 31, S. 489), den Wieland als die Alternative betrachtet, von größerer Dauerhaftigkeit sein kann. Was er darüber zu sagen hat, ist nicht originell, erinnert vielmehr stark an Hobbes. Während jener z.B. meint, es wäre "manifest, that during the time men live without a common power to keep them all in awe, they are in that condition

which is called war; and such a war is of every man, against every man,"[25]
verbreitet sich Wieland über den "unaufhörlichen Kriegsstand, worin bald die
größern Horden, bald die kleinern Stämme an einander geriethen," weil er für sie
der "natürlichste und angemessenste" gewesen sei (*Eine Lustreise ins Elysium,*
W. 31, S. 440). Insofern ist bei Wieland der "angebliche Naturstand . . . im Sinne
von Hobbes' bellum omnium contra omnes nichts als 'ein allgemeiner Kriegsstand',"[26] und er kommt zu der Schlußfolgerung, daß eine "natürliche"
Lebensart, "worin unmenschliche Gewohnheiten und barbarische Tugenden mit
der eigenthümlichen Güte und Aufrichtigkeit der menschlichen Natur auf die
seltsamste Weise zusammenstoßen und für die Dauer des gemeinschaftlichen
Wohlstandes so schlecht gesorgt ist, daß das Vergehen eines Einzigen alle
Augenblicke den Untergang seiner ganzen Nation nach sich ziehen kann" (*Ueber
die Behauptung, daß ungehemmte Ausbildung der menschlichen Gattung
nachtheilig sey,* W. 29, S. 302), unmöglich das Los der Menschheit sein könne,
"worauf es die Natur bei ihr angelegt hat" (*Eine Lustreise ins Elysium,* W. 31,
S. 440).

Im Gegensatz zur Idylle allerdings wird der "Kriegsstand" nach Wielands
Verständnis durch keine äußeren Einwirkungen beendet. Ebensowenig besteht
die Möglichkeit, daß er auf Wunsch der Mehrheit in einen Zustand geregelterer
Verhältnisse übergeht, weil die in ihm lebenden "kleinern oder größern Horden
. . . das Bedürfniß in eine bürgerliche Gesellschaft zusammen zu treten noch so
wenig fühlen, daß sie nicht einmal einen Begriff von ihr zu haben scheinen"
(*Entscheidung des Rechtshandels zwischen Demokratie und Monarchie,* W. 32,
S. 102). Veränderungen müssen zwar von innen her veranlaßt werden, wozu es
jedoch der Kraft und Initiative hervorragender Einzelner bedarf: "Wenn sich ein
Auflauf unter dem Volk . . . begibt — wird der . . . der Muth oder Verwegenheit
genug hat, sich an ihre Spitze zu stellen, ihr Anführer . . . Und diesen Anführer
hat immer die Natur gemacht. Er ist der, der die meiste Kraft hat . . . den
meisten Muth, die festeste Entschlossenheit, den feurigsten . . . Enthusiasmus
äußert. — Unter gewissen Umständen ist's auch wohl der, der am besten
schwatzen kann; aber allemal . . . der, der am entschlossensten handelt." (*Ueber
das göttliche Recht der Obrigkeit,* W. 30, S. 291)

Wielands Glaube an geborene Führernaturen steht in völligem Einklang mit
seiner Überzeugung von der naturbedingten Besonderheit jedes Einzelnen. Die
Behauptung, ". . . gewisse Menschen machte die Natur selbst zu Königen" (*Eine
Lustreise ins Elysium,* W. 31, S. 412), geht folgerichtig davon aus, daß man "nur
Anlagen ausbilden" könne: "Wem die Anlage zu einem vortrefflichen Menschen
gegeben ward, der wird sich auch ohne Hülfe einer fremden Hand entwickeln,

---

25 Hobbes, *Of the Natural Condition of Mankind as concerning their Felicity and
Misery,* zitiert bei T. V. Smith & M. Greene, *From Descartes to Kant,* S. 230.
26 Wolffheim, a.a.O., S. 239.

und, unter dem bestimmenden Einfluß der Umstände ... das werden, was er werden kann und soll." (*Agathodämon,* W. 18, S. 251) Damit legt er freilich mehr als ein bloßes Bekenntnis ab. Seine eigentliche Absicht ist es vielmehr, die damals noch weitgehend akzeptierte Lehre vom Gottesgnadentum auf ihre Wurzel zurückzuführen. Denn wenn es die Natur selbst ist, die gewisse Menschen zu Königen "macht," dann liegt auch deren Herrschaft "blos in der Ordnung der Natur" (*Ueber das göttliche Recht der Obrigkeit,* W. 30, S. 293), und man darf behaupten, "das Recht des Stärkern sey Jure Divino die wahre Quelle aller obrigkeitlichen Gewalt" (ebda., S. 292). Da aber eine solche Ableitung dieser Gewalt nur wenige seiner demokratisch gesinnten Zeitgenossen zu befriedigen vermochte, versucht Wieland bereits fünf Jahre zuvor (1772) ihren Erwartungen besser gerecht zu werden. Im zweiten Teil des *Goldnen Spiegels* wird Tifan, ein legitimer Nachfolger der Herrscher von Scheschian, durch sein Volk zum König gewählt und sein Gottesgnadentum auf diese Weise populär bestätigt. So wird die Stimme des Volkes zur "Gottes Stimme" (W. 8, S. 134), der volkstümlich Gewählte zugleich zum König von Gottes Gnaden und den Erwartungen der Demokraten ebenso entsprochen wie denen der Monarchisten.

Dabei war Wieland gar kein Freund der Demokratie. Zwar war er zu aufgeschlossen, um ihr die Daseinsberechtigung kurzerhand abzusprechen, weshalb er beispielsweise 1793 mit Bezug auf die Konstitution Robespierres einräumte: "... wenn Monarchie und Demokratie das wirklich sind was sie seyn wollen, so kann ein Volk, insofern es zur Glückseligkeit geeigenschaftet ist, unter beiden Verfassungen glücklich seyn." (*Worte zur rechten Zeit,* W. 31, S. 312) Doch stellt er nicht nur hier, sondern auch anderswo durch seine Vorbehalte die Demokratie trotz der ihr zugestandenen Vorteile im gleichen Atemzug wieder in Frage. "Es lebt sich," schreibt er zwar in dem Aufsatz *Nähere Beleuchtung der angeblichen Vorzüge der repräsentativen Demokratie vor der monarchischen Regierungsform* etwa, "ganz leidlich in der Republik, wie in der Monarchie, vorausgesetzt, daß beide mit Gerechtigkeit und Weisheit regiert werden." (W. 32, S. 74) Schon der Titel bringt aber seine Skepsis darüber zum Ausdruck, daß eine "Republik" mit demselben Maß an Gerechtigkeit und Weisheit regiert werden könne wie eine Monarchie, was in Anbetracht seiner abschätzigen Meinung über die Unvernunft des "Volkes" keineswegs erstaunt. Im ersten Teil des *Aristipp* gibt er sich noch billiger: "Jede Regierungsart hat ihre eigenen Vorzüge und Gebrechen; wiegt man sie ... gegen einander, so gleichen sich ... diese durch jene und jene durch diese aus, und was übrig bleibt, ist so ... wenig, daß es ... nicht verlohnt, darum zu hadern." (W. 22, S. 245) Dennoch gibt diese Tatsache seiner Ansicht nach der Demokratie keinen Vorzug vor der Monarchie. Ihn deshalb also des "Kompromißlertums" zu bezichtigen[27] ist ebenso abwegig wie ungerecht.

---

[27] P. Reimann, *Hauptströmungen der deutschen Literatur 1750–1848,* S. 97.

Fragt man über die weltanschauliche Begründung hinaus nach den spezifischen Gründen für seine Ablehnung der Demokratie, so bietet sich als erster wohl seine mangelhafte Differenzierung zwischen ihrer reinen und repräsentativen Form zur Erklärung an. Zuzeiten möchte es freilich scheinen, als wollte er den Unterschied zwischen beiden mit den Namen "Demokratie" und "Republik" kennzeichnen. In den meisten Fällen aber gebraucht er sie anscheinend wahllos, so etwa, wenn er die Französische Republik auf der einen Seite eine "repräsentative Demokratie," auf der andern eine "Demokratie" nennt. — Man sollte annehmen, daß er im Verlaufe seiner langjährigen Rolle als Kritiker zu einer Erkenntnis der Verschiedenartigkeit dieser beiden Verfassungsvarianten gelangt wäre. Wenn dem aber so war, dann weisen seine Schriften außer der Benutzung beider Wörter keine wesentlichen Spuren davon auf. Vielmehr enthüllen sie, daß ihm die Demokratie in jeder Form nichts weiter als "Vielherrscherei" bedeutete, und "Vielherrscherei taugt nichts." Davon sei er, so betont er in dem *Schreiben an Herrn Professor Eggers in Kiel,* "nicht seit ehegestern . . . innigst überzeugt" und fügt mit der Genugtuung dessen, der sich durch die Entwicklung bestätigt fühlt, hinzu, "daß der Verfasser des Agathon schon . . . vermuthen lassen, daß die Umbildung der Französischen Monarchie in eine Demokratie" keine "sehr glückliche Begebenheit . . . in seinen Augen seyn könne." (W. 31, S. 153)

Für diese Annahme führt er technische sowohl als auch weltanschauliche Argumente ins Feld. Rein technisch kenne er "keine ärgere Commission als seinen eigenen Souverän zu regieren . . . der fünfundzwanzig Millionen Mäuler zum Verschlingen und fünfzig Millionen Arme zum Greifen und Zuschlagen hat" (ebda., S. 156). Diesem Vorbehalt liegt jedoch offenbar sein tiefes Mißtrauen dem Volke gegenüber zugrunde, in dem er "ein vielköpfiges Thier" sieht, das "nur durch Hunger und Streiche gebändiget werden kann,"[28] aus dessen allgemeinem Willen aber die Demokratie ihre Daseinsberechtigung ableitet. Das erscheint ihm in Anbetracht der Ereignisse in Frankreich noch widersinniger als 1755, wo er bereits bekennt: "Sich selbst beherrschen, ist die höchste Stufe der Hoheit. Wer dieses nicht kann, hat das Recht verloren, sich der Regierung der Menschen anzumaßen." (*Platonische Betrachtungen über den Menschen,* W. 29, S. 121)

Mögen seine diesbezüglichen Anforderungen durch spätere Erfahrungen auch etwas bescheidener geworden sein: an seinem Kerngedanken hielt er fest und nicht nur er allein. Denn dieser bestimmt ja das Denken der Klassiker schlechthin, vor allem aber dort, wo es sich im politischen Bereich bewegt. Das geschieht zwar bei den anderen nicht so oft wie bei Wieland und — sieht man

---

[28] *Der goldne Spiegel* II, W. 8, S. 31; ferner ebda., S. 247: ". . . das Volk ist . . . ein gar launiges grillenhaftes Thier . . . heute kann man alles von ihm erhalten, morgen vielleicht gar nichts."

einmal von Kants politischen Schriften ab — fast immer auf eine weniger direkte Art. Wo es aber doch geschieht, wie etwa in Schillers *Über die ästhetische Erziehung des Menschen,* zielt es auf eine Abstimmung der gesellschaftlichen Möglichkeiten mit der moralischen Wirklichkeit ab. Schiller glaubt, "das Ideal der Gleichheit ... welches der Schwärmer so gern auch dem Wesen nach realisiert sehen möchte," werde zunächst "in dem Reiche des ästhetischen Scheins" erfüllt.[29] Seine Realisierung im gesellschaftlichen Bereich hänge letzten Endes davon ab, daß *"erstlich:* die Sinnlichkeit gegen die Eingriffe der Freiheit ... *zweitens:* die Persönlichkeit gegen die Macht der Empfindungen"[30] geschützt werde. Persönliche Freiheit ist die Voraussetzung politischer Freiheit, und die moralischen Gegebenheiten finden in den gesellschaftlichen Zuständen ihre Parallele: "Das erste dieser Verhältnisse zwischen beiden Naturen im Menschen erinnert an eine *Monarchie,* wo die strenge Aufsicht des Herrschers jede freie Regung im Zaum hält; das zweite an eine wilde *Ochlokratie,* wo der Bürger durch Aufkündigung des Gehorsams gegen den ... Oberherrn so wenig frei ... wird, vielmehr nur dem brutaleren Despotismus der unteren Klassen ... anheim-fällt."[31]

Die Verknüpfung zwischen Schillers Ästhetik und seinen politischen Ansichten ist nicht enger als Wielands Verflechtung von Politik und Moral. In seinem Aufsatz *Nähere Beleuchtung der angeblichen Vorzüge der repräsentativen Demokratie vor der monarchischen Regierungsform* schreibt er z.B.: "Damit eine Republik ... gedeihe, ist Tugend, als herrschendes Princip der Regenten sowohl als der Regierten, eine unnachlässige Bedingung ... Die Monarchie kann sich ... mit weniger behelfen ... und alles mag, durch den bloßen Mechanismus der gewöhnlichen Polizei, Justiz- und Finanz-Verwaltung noch ganz erträglich gehen. In der Republik hingegen —" (W. 32, S. 74–75)

So gesehen eignet sich die Monarchie eher für wilde, rohe Menschen, während solch harmlose Geschöpfe wie die Bewohner von Wielands imaginären Naturidyllen vermutlich in der Demokratie genauso gut aufgehoben wären wie im Patriarchat, zumal ihre geringe Anzahl die Probleme der "Vielherrscherei" mildern dürfte.[32] Aus allen diesen Gründen erschien die Demokratie Wieland für die Menschen seiner Zeit ungeeignet, weil die meisten von ihnen eben "die höchste Stufe der Hoheit," die Fähigkeit der Selbstbeherrschung, noch lange nicht erreicht hätten. Mithin sei die Demokratie "für ein anderes Jahrhundert, für ein Volk, das noch gebildet werden soll, gemacht, und wird nach aller

---

29 a.a.O., S. 669.
30 ebda., S. 608.
31 *Über Anmut und Würde,* a.a.O., S. 463.
32 Vgl. dazu die *Entscheidung des Rechtshandels zwischen Demokratie und Monarchie,* W. 32, S. 113. Darin berührt sich Wieland mit Rousseau, der sich die ideale Demokratie ja ebenfalls als einen Kleinstaat vorstellt, allerdings als Stadtstaat, "a city like Geneva rather than a state like France" (Gibson, a.a.O., S. 175).

Wahrscheinlichkeit eine noch so weit entfernte Zukunft nicht erleben." (*Nähere Beleuchtung der angeblichen Vorzüge . . . , W.* 32, S. 66)

Geht man von Wielands Prämissen aus, so liegt die Konsequenz seiner Argumentation auf der Hand: weil die Demokratie eine Massenherrschaft moralisch und charakterlich überwiegend unvollkommener Menschen ist, ist sie nicht nur unrealisierbar, sondern vom Übel. Selbst wenn die Alleinherrschaft eines Königs gleichermaßen in Tyrannei, Mätressenwirtschaft und Nepotismus ausarten könne, fühlt sich Wieland zu der Frage berechtigt: ". . . aber was beweiset das gegen das Königthum an sich . . . ?" (*Ueber den Neufränkischen Staatseid: "Haß dem Konigthum!," W.* 32, S. 37) Ihm nämlich scheinen die Voraussetzungen zur Ausübung einer geregelten und gerechten Staatsgewalt bei einem Einzelnen leichter gegeben zu sein als bei einer großen Anzahl von Menschen, zumal dann, wenn deren geistiges Niveau nur durchschnittlich, das seine hingegen hervorragend ist. Der Umstand, daß es einen "Caligula oder Claudius" gegeben hat, denen künftig wohl auch Gleichgeartete folgen werden, beweise lediglich, daß keine Verfassungsform vollkommen und gegen Mißbrauch gefeit sei. Demgegenüber spreche aber die Wahrscheinlichkeit dafür, daß eine Volksregierung schon allein aufgrund ihrer Zusammensetzung gegen Willkür, Grausamkeit und Anarchie anfällig sei.

Weil Wieland die Existenzfähigkeit der Demokratie bezweifelt, in welcher der Natur der Sache gemäß Legislative und Exekutive untrennbar in denselben Händen vereinigt sind, bestreitet er, daß es nicht nur in einer Monarchie, sondern ebensogut in einer Demokratie mit Hilfe entsprechender Verwaltungsmaßnahmen "noch ganz erträglich gehen" könne. Eine derartige Konzentration der Macht könne nur einem Weisen oder einem durch die Konstitution gebundenen Herrscher anvertraut werden, sonst müßte sie sich destruktiv auswirken. Darum räumt er zwar ein, daß z.B. im revolutionären Frankreich "vierundzwanzig Millionen Epiktete sich unter einer solchen Staatsverfassung . . . ganz erträglich befinden würden. Da aber diese Constitution für eben diese Franzosen gemacht ist, die wir seit 1789 gut genug kennen gelernt haben . . . so ist es mir . . . unmöglich, sie für etwas andres anzusehen, als . . . für einen . . . Versuch, 'ein Gemisch von Tyrannei und Anarchie zu organisieren' " (*Worte zur rechten Zeit, W.* 31, S. 303).

Obwohl heute kaum noch aktuell, ist Wielands Ansicht doch verständlich. Die ihm aus der Geschichte bekannten Demokratien der Antike sah er, wie seine Werke beweisen, in einem eher negativen Licht und hielt Zwist, Unentschlossenheit und Korruption für bezeichnendere Merkmale ihres politischen Alltags als Ordnung, Zielstrebigkeit und Sitte. Die wenigen Gegenstücke seiner eigenen Zeit wiederum bewiesen durch ähnliche Mängel ihre verfassungsmäßigen Vorzüge vor der Monarchie ebenfalls nicht. Das trifft auf Republiken wie Biberach und andere deutsche Freistädte in gleichem Maße zu wie auf Länder wie Frankreich und die Schweiz, in der die Demokratie zu einem Klassenstaat entartet war, dessen Ungerechtigkeiten erheblich genug waren, um Rousseau zur Formulierung seiner eigenen, extrem demokratischen Ideale zu bewegen.[33]

Wielands Aufgeschlossenheit hätte seine Voreingenommenheit gegen die Demokratie vermutlich gemildert und womöglich beseitigt, wenn die Revolution in Frankreich eine weniger gewaltsame Entwicklung eingeleitet hätte. Dafür gibt es, wie wir im ersten Kapitel zeigen konnten, entsprechende Anzeichen (vgl. I., S. 33, Anm. 63). Am Ende aber wurde er durch die Vorgänge im Nachbarlande enttäuscht, zumal als er erkannte, daß die Theorien der Aufklärung, auf das Abstraktum Mensch zugeschnitten, in dem Augenblick versagten, als sie auf lebendige Individuen angewandt wurden.[34] Das zeigt auf seiner Seite eine gewisse Inkonsequenz, da er doch den "spekulativen Geistern" im praktischen Lebensbereich solch geringe Wirkungsmöglichkeiten zutraute (vgl. I., S. 18 u. Anm. 23). Zugleich aber mag er sich aufgrund der Erkenntnis seines Mangels an Folgerichtigkeit den Franzosen gegenüber zu jenem hohen Maß an Objektivität verpflichtet gefühlt haben, das fast alle seine zeitkritischen Betrachtungen auszeichnet.

Es ist freilich paradox, daß er, der wenig von Theorien und Abstraktionen hielt, weil er wußte, daß die "subtilste und kaltblütigste Vernunft ... von jeher die subtilsten Zweifler hervorgebracht" hat, die Demokratie mit darum ablehnte, weil er sie auf den weitgehend abstrakten Begriff der "Vielherrscherei" reduzierte. War er bei all seiner Nüchternheit zu unpraktisch, um an die praktische Verwirklichung der Demokratie zu glauben? Vielleicht. Bestimmt aber machte er sich seine Sache zu leicht, indem er Demokratie und Monarchie von einem rein formalen Standpunkt aus begutachtete, etwa so: "... wenn wir beide Begriffe von allem Zufälligen entkleiden, was bleibt uns bei dem Worte Königthum zu denken übrig, als ein Staat, worin die höchste Gewalt in den Händen eines Einzigen, und bei dem Worte Demokratie, ein Staat, worin die höchste Gewalt in den Händen des ganzen Volkes ist? " (*Ueber den Neufränkischen Staatseid ... , W. 32, S. 40*) Die sich daraus ergebenden Folgerungen dienten ihm als willkommene Argumente gegen jede Art wenig verheißungsvoller politischer Experimente. Er selbst zwar hatte vor Ausbruch der Französischen Revolution — im *Goldnen Spiegel* etwa — auf Reformen gedrängt. Doch sollten sich diese im Rahmen des Bewährten, d.h. der Monarchie, halten, denn deren Unzulänglichkeiten waren bekannt, und ihre schlimmsten Auswüchse schienen der Vergangenheit anzugehören. Gar nicht vorauszusehen war demgegenüber, wie sich eine Demokratie auf gesamtdeutscher Ebene entwickeln würde, deren Beispiele im Kleinen schon so wenig zu befriedigen vermochten.

---

[33] J. Hashagen, "Zur Deutung Rousseaus," *HZ,* 148, 1933, S. 229—247, bes. S. 241.
[34] Vgl. dazu P. R. Rohden, "Die Rolle des Homme de Lettres in der französischen Politik," *HZ,* 147, 1932—1933, S. 63—69.

Im *Goldnen Spiegel* bemüht er sich noch um eine Ableitung der Monarchie aus der Naturgesetzlichkeit: "Die Regierung eines Einzigen nähert sich durch ihre Natur derjenigen Theokratie, welche das ganze unermeßliche All zusammenhält . . . Gott ist der einzige Gesetzgeber der Wesen . . ." (*Der Goldne Spiegel* II, W. 8, S. 138—139) In seinen politischen Schriften der 80er und 90er Jahre wird sein Ton bestimmter, und anstelle solcher Begründungen treten Behauptungen wie: ". . . daß die Regierung durch Könige die natürlichste sey, bezeugt Vater Homer und — der ganze Erdboden" (*Eine Lustreise ins Elysium* [1787], W. 31, S. 415), oder Bekenntnisse wie: "Das ganze Weltall ist, meiner Meinung nach, eine Monarchie, und, mit allen ihren Mängeln und Gebrechen, gewiß die beste, die man je sehen wird." (*Was verlieren oder gewinnen wir dabei, wenn gewisse Vorurtheile unkräftig werden?* [1798], W. 32, S. 5) — Eine konsequente Anwendung derartiger Leitsätze auf dem Gebiet des gesellschaftlichen Zusammenlebens liegt trotz der ihr innewohnenden Gefahren in Zeiten politischen Umbruchs stets im Bereich der Möglichkeiten, und manchmal erweckt Wieland den Eindruck, als befürwortete er sie. So behauptet er in der *Lustreise ins Elysium*, "die Nothwendigkeit sey die Quelle des Naturgesetzes, und das Naturgesetz die Quelle des Rechts. Die Menschen können ohne Regierung nicht bestehen. Die Natur . . . machte Anstalten, vermöge deren sie regiert werden, sie mögen wollen oder nicht. Der Stärkere regiert immer den Schwächern . . . Das Recht des Stärkern wird auf dem ganzen Erdboden anerkannt." (W. 31, S. 422—423) Obgleich dies aber ein "Satz" sei, den "die ganze Geschichte des menschlichen Geschlechts bestätiget" (ebda.), lehnt es Wieland ab, ihn zur Rechtfertigung des Absolutismus zu gebrauchen.

Das Weltall und die Geschichte mögen eine Gesetzmäßigkeit aufweisen, deren tieferen Sinn wir nicht begreifen und die auf uns darum einen mechanischen, unerbittlichen Eindruck macht. Wegen unseres begrenzten Erkenntnisvermögens sind wir leicht versucht, in diese Gesetzmäßigkeit eine höhere Gerechtigkeit hineinzudeuten, obwohl sich eine solche unserem Verständnis wohl gleichermaßen entzieht. Wir glauben richtig zu handeln, indem wir unser Leben so einrichten, daß es mit einer ähnlichen Gesetzmäßigkeit und Gerechtigkeit abläuft, und zu diesem Zwecke entwerfen wir entsprechende Regeln, Vorschriften und Verfassungen. Hat aber, so sollten wir uns fragen, "nicht die Erfahrung von mehr als viertausend Jahren . . . gezeigt, daß es mit allen . . . politischen Maschinen nichts als Stück- und Flickwerk ist? daß keine ihrem Endzwecke ein Genüge thut? . . . Und . . . es braucht keines sehr tiefsinnigen Nachdenkens, um den Grund . . . herauszubringen. Denn das ganze Geheimniß liegt darin: daß der Mensch selbst keine Maschine ist." (*Worte zur rechten Zeit*, W. 31, S. 310)

Darum kommt es sehr darauf an, daß der Unterschied zwischen "Herrschaft" und "Regierung" erkannt werde, denn nur so kann eine Verwechslung zwischen Tyrannei und Königtum vermieden werden: "Ich für meine Person werde immer und überall frei gestehen, daß mir die Wörter Herr und Herrschaft eben so herzlich zuwider sind als Knecht und Knechtschaft; ich will regiert seyn, nicht beherrscht; wenn ich aber doch ja einen Herrn über mich dulden muß, so sey es ein einziger Agamemnon, nicht alle Heerführer — und am allerwenigsten das ganze Heer ..." (*Aristipp* III, W. 24, S. 5) Wielands Selbstbewußtsein wird durch den Stolz eines Menschen charakterisiert, der sich seines persönlichen Wertes bewußt ist und dem es seine Würde gleichermaßen verbietet, sich vor Despoten und Plebejern zu beugen: "Uebrigens ... wollen wir," so schreibt er in der *Lustreise ins Elysium,* "herrschen und regieren nie für gleichbedeutende Wörter gelten lassen. Die Natur hat die Menschen nicht zu Sklaven in die Welt gesetzt; sie müssen regiert, geleitet, berathen, nicht beherrscht werden: und wiewohl sich ... Fälle zutragen, wo bloße Stärke das Recht zu regieren gibt, so kann sie doch niemals ein Recht geben, gegen die Naturgesetze der Menschheit und die darauf gegründeten Grundgesetze aller bürgerlichen Gesellschaft zu regieren, das ist, willkürlich und tyrannisch zu herrschen." (W. 31, S. 433)

Findet der Einzelne sich einer tyrannischen Herrschaft ausgesetzt, so hat er das Recht und — sich selbst gegenüber — die Schuldigkeit, sich ihr durch Emigration zu entziehen. Auf diese Überzeugung geht eine der Wurzeln des Wielandischen Kosmopolitismus zurück. Die andern beiden gründen in der Ansicht, daß jeder Mensch zur Selbstvervollkommnung verpflichtet ist, sowie in der damit verbundenen Erkenntnis, daß diese zwar nur innerhalb der Gesellschaft, nicht jedoch unbedingt innerhalb einer bestimmten Gesellschaft und ihres Staates am erfolgreichsten angestrebt werden kann. Eingehendere Betrachtungen über das Weltbürgertum Wielands haben zu unterschiedlichen Beurteilungen geführt. Es stimmt schon, daß der Kosmopolitismus für ihn eine Lösung darstellte, "die nur für sehr wenige, besonders hervorragende Menschen in Frage kommt." Sie aber als eine erst für den "älteren Wieland, vor allem für den Dichter des 'Agathodämon' " akzeptable "Patentlösung"[35] zu bezeichnen, ist unbegründet, denn sie wird bereits im *Goldnen Spiegel* und der *Geschichte des weisen Danischmend* in vielen Einzelheiten besprochen.[36] Zugegebenermaßen behandelt Wieland das Thema in der *Geschichte der Abderiten* (1773) und dem *Nachlaß des Diogenes von Sinope* (1769) weniger ernsthaft,[37] in diesen frühen Romanen jedoch ebenso wie in den späteren[38] mit der Absicht, die Möglichkeiten aufzuzeigen, die dem nach Selbstvervollkommnung strebenden Einzelnen durch eine weltbürgerliche Existenz geboten werden.

Nun ist für Wieland "die Erziehung des Menschen zum Staatsbürger ... nur Stufe seiner Erziehung zum Weltbürger,"[39] was doch wohl heißen soll, daß das Weltbürgertum, im Sinne einer allgemeinen Lösung, in Wielands gesellschaftlich-

---

35 Schindler-Hürlimann, a.a.O., S. 150.
36 Vgl. Wolffheim, a.a.O., S. 238 u. 253.
37 Schindler-Hürlimann, a.a.O., S. 151.
38 Wolffheim, a.a.O., S. 238 u. 264.
39 ebda., S. 238.

politischer Vorstellungswelt einen Platz einnimmt, der dem des Begriffs der schönen Seele bei Schiller vergleichbar ist. Beides sind Ideale, an denen die Wirklichkeit gemessen wird. Wenn also die "verhängnisvolle Einseitigkeit, mit der man in stereotyper Weise auf das Bild der 'schönen Seele' geblickt hat und hier einen abgerundeten, ein für alle Mal fertigen Typus der idealen Person zu besitzen glaubte," mit Recht beanstandet worden ist, weil sie "dem Verständnis Schillers unübersehbaren Schaden zugefügt" hat,[40] so muß auch vor einer Überschätzung des Wielandischen Weltbürger-Ideals gewarnt werden. Wieland wußte, daß es den meisten Menschen zu sehr an Vernunft, gutem Willen und der erforderlichen Selbsterkenntnis fehlt, als daß ihnen etwas an der Erfüllung dieses Ideals gelegen sein könnte. Aus diesem Grunde maß er ihm über den einzelmenschlichen Bereich hinaus keine praktische Bedeutung bei.

Desto nachdrücklicher allerdings setzt er sich für die Anerkennung der Rechte des überdurchschnittlichen Einzelnen ein: "Meine ... Freunde — oder wie soll ich sie nennen? — scheinen ... zu vergessen, daß jeder Mensch, außer dem allgemeinen Maß der Menschheit, noch sein eigenes hat, womit er gemessen werden muß, wenn man das, was sich für ihn schickt oder nicht schickt, richtig beurtheilen will." (*Aristipp* I, W. 22, S. 147) Geschichtliche Persönlichkeiten wie Christus oder Sokrates rechnet Wieland zu jenen "außerordentlichen Erscheinungen der moralischen Welt," die "gleichsam aus den Wolken herab" fallen und "zu besonderen Verrichtungen, die nur durch sie geschehen," vom "Himmel selbst ... herabgeschickt und ausgerüstet" werden (*Gespräche über einige neueste Weltbegebenheiten*, W. 31, S. 338).

Seine Wertschätzung solcher Menschen ist beinahe grenzenlos: "Ich gestehe ... daß ich — vermöge einer Denkart, die ich für menschenfreundlich halte — zwanzig ... Dienstmädchen im Nothfall darum gäbe, einen einzigen Rousseau zu erhalten." (*Briefe an einen Freund über eine Anekdote aus J. J. Rousseau's geheimer Geschichte seines Lebens* [1780], W. 33, S. 47) Das ist umso erstaunlicher, wenn man seine Erkenntnis in Betracht zieht, daß der Fortschritt der Menschheit, der seine Impulse von ihren großen Persönlichkeiten bezieht, seinem eigenen Geständnis nach "nie das Werk eines Einzigen" (*Agathodämon*, W. 18, S. 252) sein könne, denn ein "ungewöhnlich großer Mann ... hat ...wohl dumpfe Anstauner, abergläubische Verehrer, kindische Nachahmer und mechanische Widerhaller seiner Worte, aber keine Söhne und Erben seines Geistes, seiner Naturgaben und seines Charakters." (*Peregrinus Proteus* I, W. 16, S. 81)

Man sieht sich also zu der Annahme genötigt, daß Wielands Bewunderung für hervorragende Menschen von dem Solidaritätsgefühl eines Mannes mitbestimmt wird, der sich aufgrund seiner eigenen Gaben und bei aller gehörigen Achtung für die ganz überragenden Geister doch zu ihnen rechnete und in dem Abglanz ihres

---

40 v. Wiese, *Friedrich Schiller*, S. 466.

Ruhmes sonnte. Seine "menschenfreundliche Denkart," zu der er sich kraft seines Dichtertums bekennt, enthüllt also als Kehrseite der humanistischen Tradition[41] den Dünkel des Gebildeten dem Ungebildeten gegenüber, der sich bis zur Anmaßung und Geringschätzung steigern kann: "... so einen Onokradias ... kann man bilden, und soll man bilden, so gut es gehen will, denn er ist für sich selbst nichts; so einem soll man gesunde Begriffe, Grundsätze und Maximen in den Kopf ... einrammeln, weil er sie ohne fremde Hülfe nie bekommen würde. Wer ... blind ist, muß geführt werden; wer nicht denken kann, soll andern glauben ... So will es die Natur; und so ist's recht." (*Aristipp* II, W. 23, S. 192)

Solch eine Einstellung kann, wenn sie nicht mit einem fein ausgeprägten Verantwortungsgefühl der selbsternannten geistigen Vormünder verbunden bleibt, gefährlich werden. Doch bei Wieland kommt der Verdacht einer Neigung zum Mißbrauch des "Volkes" nie auf. Ganz im Gegenteil hält er die Elite für verpflichtet, immer nur zum allgemeinen Besten beizusteuern: "Der Weltbürger allein ist einer reinen, unparteiischen ... Zuneigung zu allen Menschen fähig ... zu einer Handlung der Menschlichkeit und Güte." (*Nachlaß des Diogenes von Sinope*, W. 19, S. 81) Daß er allerdings seiner Bildung und Talente wegen zu einer Ausnahmestellung im Staate berechtigt ist, hält Wieland für selbstverständlich.

Sind das die praktischen, weltanschaulichen und persönlich-psychologischen Aspekte des Wielandischen Weltbürgertums, so sei schließlich noch auf dessen ergänzende ästhetische Seite hingewiesen. In ihr erblickt Wolffheim eine Verwandtschaft zwischen Wieland und Shaftesbury.[42] Sie wird gekennzeichnet durch Wielands Bewunderung der Ordnung und Harmonie in der Natur. Im *Agathodämon* z.B. lesen wir über die "grenzenlose Natur, die ewige Ordnung und Harmonie der Dinge, das, was diese Masse der ... Erscheinungen ... zusammenhält und in ein ... Ganzes ... verwebt und vereinigt, und das, was die ... Empfindungen ... und Gesinnungen in mir zusammenhält, und ... zu verbinden strebt" (W. 18, S. 347–348). Dieser Sinn für Ordnung und Harmonie, Wielands Vorliebe für "ein Ganzes," drängt ihn zugleich zur Kritik an nationaler Einseitigkeit und Eigenbrötelei. Zwar fragt er in den *Gedanken über den freien Gebrauch der Vernunft in Glaubenssachen*: "wem wäre ... an einer der ganzen Natur unbekannten und nur durch unnatürliche Gewalt zu erzwingenden Einförmigkeit ... gelegen? Kann Eintracht und Ordnung nicht sehr wohl mit Mannigfaltigkeit bestehen? Entspringt Harmonie nicht aus Mannigfaltigkeit mit Ordnung? und ist Harmonie nicht schöner, als Monotonie?" (W. 30, S. 43–44) Doch letzten Endes fällt die Entscheidung bei ihm für die Ordnung und gegen die

---

41 Vgl. H. W. Seiffert, "Die Idee der Aufklärung bei Christoph Martin Wieland," *Wis An*, 2, 1953, S. 680 u. 685. — Kind, a.a.O., bezeichnet Wieland als letzten "unserer großen Humanisten," der "im Banne einer Tradition" gestanden habe, "für welche das klassische Altertum die ewige Norm bedeutete."

42 Vgl. Wolffheim, a.a.O., S. 291ff.

Mannigfaltigkeit aus. Je mehr er nämlich über die "erste Pflicht der Menschen" nachdenke, schreibt er in der *National-Poesie,* desto klarer sähe er sie als die Bemühung um die gemeinschaftliche Vervollkommnung, und umso mehr glaube er, "es für einen starken Fortschritt auf dem Wege, der zum Ziel der öffentlichen Glückseligkeit ... führt, zu halten, daß wenigstens die Nationen in Europa immer mehr von dem verlieren, was ehmals den Charakter einer jeden ausmachte ... Je ungeselliger ein Volk ist ... desto unvollkommener bleibt ... sein Nationalcharakter." Genau wie einzelne Menschen erlangten ganze Völker durch Absonderung "eine Art von Individualität, die ... an die Caricatur gränzt ..." (W. 36, S. 330–331) — Das Weltbürgertum ist eine Möglichkeit, eine derartige Entwicklung zu verhindern. Zudem gibt es, so glaubt Wieland, dem Einzelnen die Gelegenheit, durch größere Entfaltung seiner Gaben zum Wohl der Allgemeinheit beizutragen. Einen gewissen Beitrag leistet ein jeder zwar allein schon — wenn auch nur indirekt — durch die "Vervollkommnung seiner selbst." Moralisch wertvoll handelt er aber erst, wenn er diese bewußt zum Vorteil seiner Mitmenschen betreibt: "Wer zum Besten der Menschen nicht mehr thun mag, als er thun kann ohne aus seiner Ruhe heraus zu gehen, wird freilich nicht viel Heilbringendes thun." (*Göttergespräche* VIII, W. 27, S. 372)

Gewiß waren die — nicht allein von Wieland — erhofften Vorteile einer Ausbreitung des Weltbürgertums Wunschbilder, Reaktionen freier Geister, welche die Enge der politischen und kulturellen Verhältnisse in Deutschland und anderswo schwer zu ertragen vermochten. Darüber hinaus aber gehören sie auch zur Wirklichkeit jener Zeit, denn die staatliche Zersplitterung des Reiches versetzte Wieland, ebenso wie Lessing, Herder, Goethe und Schiller, in die Lage, ihre Fähigkeiten verhältnismäßig ungezwungen dort zu entfalten, wo die Atmosphäre dazu die günstigsten Voraussetzungen bot. Innerhalb Deutschlands waren diese günstiger in Weimar etwa als in Württemberg und außerhalb der Reichsgrenzen besser in der Schweiz als in Rußland. F. M. Grimm und der Baron v. Holbach zogen gleich Rousseau Frankreich ihrer eigenen Heimat vor, und umgekehrt fanden Voltaire und d'Alembert in Preußen vorübergehend ein Betätigungsfeld, das ihnen Frankreich nicht gewähren konnte. — Obwohl also den Deutschen, bedingt durch die Kleinstaaterei ihres Landes, der Kosmopolitismus mehr Vorteile bot als anderen Europäern, spiegelte er keine eigentümlich deutsche Tendenz zur Flucht vor der unangenehmen politischen Wirklichkeit in eine idealere Welt, sondern war ein gesamteuropäisches Phänomen, die praktische Begleiterscheinung der Weltoffenheit der Aufklärung. Darum nimmt er auch bei Wieland so viel Raum ein, obwohl er seine Schwierigkeiten sehr wohl kannte. Die Auswanderung ganzer Volksgruppen oder Nationen lag nicht nur weitgehend außerhalb des Bereichs der Möglichkeiten, sondern lief im Grunde auch den Idealen des Weltbürgertums entgegen. Eine Aufhebung der Staatsgrenzen war undurchführbar, und sie stand gerade wegen der Französischen Revolution in keinem anderen Lande ernstlich zur Debatte. Nur winzige

Minderheiten fanden den Ausweg der Emigration. Wie also sollten sich die Völker helfen?

Natürlich wußte Wieland, daß untragbare politische Zustände durch Gewaltmaßnahmen beendet werden können, und wenn er — wie wir gesehen haben — Volkserhebungen aus psychologischen Gründen für unwahrscheinlich hielt: unmöglich erschienen sie ihm keineswegs. Bisweilen, wie 1790 etwa, gab er sogar zu, daß Völker ein Anrecht auf Revolutionen haben. Eine Nation müsse sich, lesen wir in *Die zwei merkwürdigsten Ereignisse im Monat Februar 1790*, "mit einer Gesetzgebung, die gar nicht für sie gemacht ist, und unter dem Druck einer ungeheuren Last alter böser Gewohnheiten und Mißbräuche behelfen, wenn sie es nicht ändern kann ... Wofern sie es aber will und kann, so wäre es Unsinn, wenn sie sich nicht die vernunftmäßigste Constitution und Gesetze geben wollte ... Die Majorität der Französischen Nationalversammlung ... thut also bloß, was sie zu thun schuldig ist, indem sie die Krankheiten und Schäden der Nation von Grund aus curirt ... Aber freilich müssen wir uns hier nicht verbergen wollen, es mit einer Nation zu thun zu haben, die in der Cultur und Aufklärung schon so große Fortschritte gemacht hat ..." (W. 31, S. 66–67) Es kommt ihm darauf an zu zeigen, daß der Versuch einer Nation, eines — um mit Schiller zu sprechen — "mündig geworenen Volks,"[43] seine Lage durch Selbsthilfe zu verbessern, auch dann positiv zu beurteilen ist, wenn dazu Gewaltmaßnahmen erforderlich sind. In der *Unterredung zwischen Walther und Adelstan* schreibt er darum bereits 1789: "Sie drücken sich ... etwas hart aus, Adelstan, Sie sprechen von Pöbel, von Aufruhr und Empörung, von Anmaßungen und Eingriffen, und scheinen zu vergessen, daß zwischen Volk und Pöbel, zwischen Aufruhr und Aufstand zu rechtmäßiger Selbstvertheidigung, zwischen Anmaßung und Behauptung seiner Würde, ein sehr wesentlicher Unterschied ist." (W. 31, S. 7) Dieser besteht, so dürfen wir Wielands Gedankengang über den obigen Wortlaut hinaus deuten, darin, daß eine Revolution planmäßiges, auf vernünftigen Prinzipien beruhendes Handeln erfordert, ein Aufruhr dagegen weiter nichts als spontane, wilde Gewalttätigkeit ist. Durch sie verschafft sich der "Pöbel" die (meistens nur zeitweilige) Machtausübung, doch eine grundlegende Änderung der Mißstände wird auf diese Weise nicht erzielt. Nur die Nation, als Gesamtheit des Volkes im politischen Sinne, vermag sie durchzuführen.

Das Wort "Nation" wird von Wieland also in Übereinstimmung mit der humanistischen Tradition verwendet.[44] Auch wird erkenntlich, daß er trotz seiner Auffassung vom "Volke" als der ungebildeten, unvernünftigen und

---

43 *Über die ästhetische Erziehung des Menschen*, a.a.O., S. 574.
44 F. Meinecke bemerkt in *Weltbürgertum und Nationalstaat*, S. 23–24: "Seit mehreren Jahrhunderten schon sprach man in Deutschland von 'Nation'." Dieses aus dem "Lateinischen, aus der Staats- und Kirchensprache" übernommene Wort hatte "schon lange einen vornehmeren Sinn als das Wort Volk," und man "kann ... beobachten, wie seit der Mitte des 18. Jahrhunderts das Wort Nation glänzender und inhaltsreicher wird."

abergläubischen Mehrheit der Menschen, zwischen ihm und seinen asozialen Elementen unterschieden sehen möchte. In dem Aufsatz *Ueber die öffentliche Meinung* [1798] bezeichnet er das Volk demgemäß als "diese unterste, aber einem ... Staat unentbehrliche Classe" und bringt es in Gegensatz zu dem "Bodensatz und Auskehricht" der Gesellschaft (W. 32, S. 196ff.). Deshalb neigt er aber noch nicht zu einer Verklärung des Volkes, wie sie für die Romantiker etwa bezeichnend wurde, obwohl er bemerkenswerterweise ihre Grundauffassung von dessen Wesen teilt. Denn auch sie waren ja von der urwüchsigen Triebhaftigkeit dieser "Classe" überzeugt. Während diese aber bei Wieland und Voltaire z.b. auf Mißtrauen und eine gewisse Verachtung stieß, erweckte sie bei den geistigen Nachfolgern Rousseaus eine starke, nostalgische Faszination. Wieland verschloß sich zwar, wie seine Idyllen und Fabeln andeuten, dem Reiz des Urwüchsigen und Naturhaften durchaus nicht. Letzten Endes jedoch war er sich des weitgehend illusorischen Charakters dieser ins "Volk" hineinprojizierten Wesensseiten stets bewußt und bezweifelte ihren kulturellen Wert.

Der Bestand der Menschheit, ihr ohnehin prekärer gesellschaftlicher und kultureller Fortschritt, war seiner Ansicht nach von der Unterordnung der Triebe unter die Vernunft abhängig, und sobald er sich davon überzeugt hatte, daß selbst die Franzosen keineswegs die Stufe einer von den Gebrechen des "Volkes" geheilten Nation erreicht hatten, verdammte er, der sich noch 1790 in einer Polemik gegen Burke für die revolutionären Rechte der Nachbarn eingesetzt hatte, sie bereits im folgenden Jahre wegen ihrer Grausamkeiten. Burke selbst hatte ja die Franzosen anfänglich ebenfalls unterstützt. Doch in den *Reflections on the Revolution in France* behauptete er, daß "in a situation to be accentuated by a principle of honour" jeder Franzose "disgraced and degraded" wäre.[45] Demgegenüber schien es Wieland verfehlt, die Ereignisse in Frankreich zu einseitig, d.h. ausschließlich im Lichte ihrer Schattenseiten zu betrachten. Darum entgegnete er Burke und verwandten Kritikern der Revolution: "Der Mann, der sich ein Geschäft daraus macht, alle die momentanen ... Uebel ... mit dem gröbsten ... Caricaturgemälde öffentlich aufzustellen ... er nenne sich nun Bergasse, oder Burke ... thut ein eben so weises ... Werk, als einer, der ... eine lange Jeremiade über alle ... Uebel ... anstimmt, von welchen wir armen Adamskinder, seit der ersten Sottise ... geplagt ... worden sind ... Wer ist der bessere Mann — der ... Freund, der ... in Thränen zerfließt? oder der Wundarzt, der ... Leben und Gesundheit wiedergibt? " (*Unparteiische Betrachtungen über die Revolution in Frankreich*, W. 31, S. 88ff.)

Da er nachträglich einsehen mußte, daß "ein Volk, das auf Freiheit pocht, und sich ... zu den wildesten Ausschweifungen ... aufhetzen ... läßt ... zur Freiheit noch nicht reif" ist (*Zufällige Gedanken über die Abschaffung des Erbadels in Frankreich*, W. 31, S. 127–128), erweckt er den Eindruck, als sei er

45 S. 72.

hier und in den *Gesprächen unter vier Augen* [1798] in einen echten Widerspruch mit seiner ursprünglichen Meinung geraten.[46] Dieser löst sich bei genauerer Betrachtung jedoch auf. Wielands Ansichten haben sich nämlich, ihres Wortlauts ungeachtet, lediglich in Bezug auf die Franzosen, nicht aber auf das Recht zur Revolution an sich geändert. Dieses gestand er vernünftigen Menschen im Notfalle nach wie vor zu. Nur verkannte er anfänglich, gleich anderen Frankophilen, den wahren Stand der Sittlichkeit des Nachbarvolkes, das "mehrere Jahrhunderte lang einen hohen Rang unter den ersten Mächten des Erdbodens behauptet hat" (*Entscheidung des Rechtshandels zwischen Demokratie und Monarchie,* W. 32, S. 113) und nun plötzlich im Chaos zu versinken drohte.

Um Wieland gerecht zu werden, muß man also schon den Blick über seine tagespolitische Polemik hinaus auf seine Grundüberzeugungen richten. Sie sind es, die seine Ambivalenz erklären, denn sie fußen, wie bereits im ersten Teil gezeigt wurde, auf der Vorstellung von der zyklischen Gesetzmäßigkeit des Weltenlaufs. Insofern läßt sich seine Ablehnung von Revolutionen mit seiner Erkenntnis von der Allmählichkeit aller natürlichen Veränderungen erklären, deren höhere Gesetzmäßigkeit gewaltsame Willkür jeder Art verbietet.[47] Das klarste Bekenntnis hierzu legt er in dem *Geheimniß des Kosmopoliten=Ordens* ab, demzufolge " 'in der moralischen Ordnung der Dinge (wie in der physischen) alle Bildung, alles Wachsthum, alle Fortschritte zur Vollkommenheit durch natürliche, sanfte und von Moment zu Moment unmerkliche Bewegung, Nahrung und Entwicklung veranstaltet und zu Stande gebracht werden muß'. – Alle plötzliche Störungen des Gleichgewichts der Kräfte, alle gewaltsame Mittel, um in kürzerer Zeit durch Sprünge zu bewirken, was nach dem . . . Gange der Natur nur in viel längerer Zeit erwachsen konnte . . . kurz, alle tumultuarische Wirkungen . . . zerstören . . . so viel Gutes und richten . . . so großes Uebel an, daß nur ein Gott fähig ist zu entscheiden, ob das Gute oder Böse, das auf diese Art bewirkt wird, das Uebergewicht habe."[48]

Natürlich weiß er, daß in der "physischen Ordnung" der Dinge Veränderungen manchmal auch sehr jäh und heftig ablaufen. Das beste Beispiel dafür lieferte das Erdbeben von Lissabon, dessen verheerende Folgen einen zutiefst

---

[46] Vgl. H. Kurz, *Geschichte der deutschen Literatur,* Bd. 2, S. 674.
[47] So sieht es Wolffheim, a.a.O., S. 216ff., 236 u. 271, und er erblickt darin eine Verwandtschaft zwischen Wieland und Stifter. Dessen Idee vom "stillen Gesetz" basiere auf demselben Glauben wie Wielands Vorstellung von einer naturgesetzlichen "Maxime aller moralischen und intellektuellen Aktivität," von einer unaufhaltsamen "progressiven Revolution" des Weltenlaufs.
[48] W. 30, S. 416–417. Im 11. der *Göttergespräche,* W. 31, S. 466, heißt es: "Ich würde nicht alles auf einmal thun wollen, sondern eine Verbesserung nach und nach die andere herbeiführen lassen"; und im 1. der *Gespräche unter vier Augen,* W. 32, S. 16, wird hervorgehoben, wie "still und unvermerkt . . . die Natur in ihren wohlthätigsten Wirkungen zu verfahren pflegt."

lähmenden Eindruck auf die Zeitgenossen hinterlassen hatten. Doch beschäftigt er sich hier ja in erster Linie mit der "moralischen Ordnung" der Welt, und diese gibt ihm trotz aller Rückschläge die Hoffnung auf einen allmählichen Fortschritt. Diesen durch "plötzliche Störungen" leichtfertig aufs Spiel zu setzen wäre töricht, und darum sind Revolutionen zu verurteilen. Anderseits freilich sind sie, wie alle "tumultuarische Wirkungen," als Teil des geschichtlichen Entwicklungs-vorgangs aufzufassen. Obwohl es schwerfällt, ihre Auswirkungen anders als in gehöriger historischer Perspektive richtig zu würdigen, sind sie als unausbleiblich zu akzeptieren. Darauf läuft das 9. der *Göttergespräche* hinaus, wo Wieland seinem Jupiter das Geständnis in den Mund legt: "Alles ist dem ewigen Gesetze des Wandels unterworfen ... Die Reihe ist nun an den Monarchien, und ... die unsrige neigt sich zu ihrem Ende, so gut wir die übrigen. Der Schade wird nicht groß seyn: es war doch nur Stückwerk." (W. 27, S. 385)

Die gleichmütige Hinnahme des Zusammenbruchs der alten Welt und der Hinfälligkeit ihrer irdischen und himmlischen Götter mag Wieland nicht ganz so leicht gefallen sein wie seinem Jupiter. Sie stand aber auch in keinem Widerspruch zu seiner Erkenntnis, daß "sich für uns ... keine ganz vollkommene ... alle Forderungen der Vernunft erfüllende ... unvergängliche Staatsver-fassung erdenken lasse." Die beste sei lediglich "die mit den wenigsten Gebrechen behaftete." (*Die Universal-Demokratie*, W. 32, S. 148) Darüber hinaus spiegelt sie die tiefe Ernüchterung, die seinen noch im *Geheimniß des Kosmopoliten=Ordens* deutlich spürbaren politischen Idealismus unter dem Eindruck der Ereignisse in Frankreich ablöst. Dort behauptet er, "es gebe nur *eine* Regierungsform, gegen welche gar nichts einzuwenden sey," nämlich die "Regierungsform der Vernunft." Unleugbar sei diese "noch nie da gewesen." Für die Kosmopoliten stehe es aber fest, daß "sie nicht nur möglich sey, sondern daß alle ... Gesellschaft ... nach ihr strebe und ... ihr ... näher komme" (W. 30, S. 419). Jetzt, nachdem die Franzosen derartige Hoffnungen in ihm gedämpft haben, richtet er sein Augenmerk zwar vom Erwünschbaren auf das Erreichbare, was aber nicht bedeutet, er habe seine Grundsätze geändert und das Erwünsch-bare aus dem Blickfeld verloren. In dem Aufsatz *Das Versprechen der Sicherheit, Freiheit und Gleichheit* nämlich erklärt er, es komme nicht darauf an, ob "eine ... Verfassung ... von Vollkommenheit ... unter Menschen ... zu erhalten [d.h. also zu ermöglichen – A. E. R.] sey," sondern darauf, daß eine Verfassung, die "jener Vollkommenheit ... am nächsten käme, wünschenswürdiger wäre, als ... andere" (W. 31, S. 171–172). Durch das Geschehen in Frankreich vor-sichtiger geworden, bemüht er sich nun aber um greifbare Lösungen. Und welche Lösung wäre greifbarer gewesen als die scheinbar einfachste, die konstitutionelle nämlich?

Wieland freilich war, im Gegensatz zu vielen Zeitgenossen, von ihren Möglichkeiten durchaus nicht überzeugt. Es käme, schrieb er in den *Worten zur rechten Zeit*, "nicht auf die Constitution, nicht auf monarchische oder populare

Regierungsform, sondern auf die Beschaffenheit des Kopfes und Herzens . . . der Einwohner eines Staats" an. Darum sei es an der Zeit, "endlich einmal" damit aufzuhören, "dem was man die Constitution . . . nennt eine so große Wichtigkeit beizulegen" (W. 31, S. 311ff.). Weit wichtiger wäre es demnach, die Menschen aufzuklären, selbst wenn man leicht versucht sein könnte zu glauben, daß es die Aufklärung sei, welche die fatale Entwicklung im Nachbarlande verursacht habe.

Der Ansicht Schillers freilich, der glaubte, "daß man, um jenes politische Problem . . . zu lösen, durch das ästhetische den Weg nehmen muß,"[49] war er auch nicht, sondern bezog einen Standpunkt, der ihn von ihm und anderen Landsleuten ebenso trennte wie von den Franzosen. Denn während gerade sie – angeregt von Rousseau – eine Besserung der "Beschaffenheit des Kopfes und Herzens" durch konstitutionelle Maßnahmen wie die Einführung und Sicherung sozialer und politischer Freiheit und Gleichheit zu bewirken versuchten,[50] glaubte Wieland ja weder an die praktische Gleichheit der Menschen, noch an die Anerkennung ihrer Freiheit im politisch-sozialen Bereich, weil er bei ihnen die Voraussetzung dazu, die moralische Freiheit, vermißte. In einem seiner *Gespräche unter vier Augen* erklärt er zwar: "Unläugbar ist die Freiheit ein natürliches, rechtmäßiges und durch keine Verjährung verlierbares Eigenthum des Menschen, insofern er durch seine Vernunftfähigkeit dem allgemeinen System der vernünftigen Wesen angehört . . . und kein Wesen im Weltall kann ihn im vernunftmäßigen Gebrauch seiner Kräfte hindern, ohne sich an den ersten und heiligsten Gesetzen . . . zu vergreifen . . . Was die Gleichheit betrifft, so ist klar, daß, wenn wir von einer Anzahl Menschen alles abziehen, worin sie verschieden sind, und wodurch sie zu einzelnen Personen werden, etwas übrig bleibt, worin alle einander gleichen, nämlich die der Menschheit eigene Art der Organisirung unsers animalischen Theils, und die Vernunftfähigkeit." (*Entscheidung des Rechtshandels zwischen Demokratie und Monarchie,* W. 32, S. 129–130) Doch haben politische Gesetzgeber es eben nicht mit Abstraktionen zu tun, mit Menschen also, von denen wir "alles abziehen," sondern mit solchen, die sich durch alle möglichen Eigenschaften z.T. sehr erheblich voneinander unterscheiden. "Gleichheit," schreibt Wieland darum in dem Aufsatz *Das Versprechen der Sicherheit, Freiheit und Gleichheit,* "in ihrem ganzen Umfange findet sich nicht einmal unter . . . rohen Hirten- und Jägerhorden" (W. 31, S. 172), viel weniger somit dort, wo außer dem Faustrecht und den Naturgewalten die verschiedenen anderen Faktoren einer Zivilisation das Dasein der Menschen beeinflussen.

Was also ist zu tun? Letztlich nur das, was auf lange Sicht hin den dauerhaftesten Erfolg verspricht. Wielands Stärke ist seine hohe Anpassungs-

---

49   *Über die ästhetische Erziehung des Menschen,* a.a.O., S. 573.
50   Vgl. Barth, a.a.O., S. 30, sowie D. R. Bultmann, "Der Gedanke der Freiheit nach antikem und christlichem Verständnis," *Univ,* 2, 1959, S. 1129–1138, bes. S. 1132.

fähigkeit, und diese bewährt sich gerade hier, indem er trotz seiner Zweifel an der Nützlichkeit konstitutioneller Lösungen für die moralische Festigung der Menschen den praktischen Nutzen von Verfassungen nicht einfach von der Hand weist: ". . . äußerliche, bürgerliche Freiheit — wird nur dadurch ein Gut, wenn sie der innern sittlichen untergeordnet ist . . . welche uns keine Constitution . . . zusichern kann." (ebda., S. 171) Es ist zumindest ungewiß, ob sittliche Freiheit aus der äußerlichen hervorgeht. Dennoch bedarf sie, wenn sie einmal da ist, der Ergänzung und Sicherung durch die Konstitution, denn "Freiheit ohne eine weislich ausgedachte . . . Verfassung wächst gar bald in Barbarei und Wildheit aus, und ist in ihren Folgen oft noch verderblicher als die Sklaverei der despotischen Regierungsart." (*Eine Lustreise ins Elysium*, W. 31, S. 440)

Das ist der Grund, warum Wieland dem Verfassungsproblem eine so intensive Aufmerksamkeit widmet. Obwohl er sich, unbeschadet seiner Vorliebe für die konstitutionelle Monarchie, nie vorbehaltlos auf eine bestimmte Verfassungsform festlegt, weil keine der jemals verwirklichten den Anforderungen der Vernunft völlig entsprochen hat, reizen ihn Popes Worte, "For forms of Government let Fools contest, / Whater'er is best administer'd, is best," zum Widerspruch. Er meint, die beste Staatsverwaltung könne zwar "die einer fehlerhaften Verfassung beiwohnenden Radicalgebrechen mildern und überpflastern, aber niemals aus dem Grunde heilen; und die schlechteste kann das wesentliche Gute einer weisen und wohl berechneten . . . nicht anders als durch die völlige Vernichtung gänzlich unwirksam machen." (*Entscheidung des Rechtshandels . . .*, W. 32, S. 126)

Um dieser Möglichkeit vorzubauen, entwirft er Vorschläge, die sich in Richtung auf eine Gewaltenteilung hin bewegen. Er macht der französischen Nationalversammlung sogar den Vorwurf, sie habe 1789 einen schwerwiegenden Fehler begangen, indem sie bei der Errichtung der Republik das selbst für den Bestand einer Monarchie so wichtige Prinzip der Teilung der Gewalten nicht genügend beachtet habe. Er befürwortet eine "Constitution . . . wodurch die drei Mächte der Staatsverwaltung, die gesetzgebende, richterliche und vollziehende, einander in gehörigem Gleichgewichte halten." (*Kosmopolitische Adresse an die Französische Nationalversammlung, von Eleutherius Philoceltes*, W. 31, S. 54) Es geht ihm um die Herstellung eines Gleichgewichts in der Machtausübung, was freilich — da Wieland hier von der Monarchie spricht — mit Billigung des Herrschers geschehen soll und nicht einmal unbedingt konstitutionell festgelegt zu werden braucht. Der Unterschied zwischen ihm und den Franzosen wird zwar durch seine geschickte Formulierung verwischt. Tatsache ist jedoch, daß er von derselben Ansicht ausgeht, die er bereits 1772 im *Goldnen Spiegel* vertreten hat, derzufolge "Gott . . . der einzige Gesetzgeber der Wesen" ist, und der Regent "nichts andres zu thun" habe, als den "Willen des obersten Gesetzgebers auszuspähen, und daraus alle . . . Verhaltungsregeln abzuleiten" (W. 8, S. 139). Daran hält er in späteren Jahren unbeirrbar fest, wenn auch mit dem

Unterschied, daß er die Autorität des Herrschers etwas weniger allgemein aus dem Willen der Vorsehung, als aus den natürlichen Bedürfnissen des Menschen ableitet: "... der Monarch," behauptet er etwa 1798 in den Betrachtungen *Ueber den Neufränkischen Staatseid ...*, "insofern er Handhaber und Vollstrecker des Gestzes ist, wolle nichts, als was das Gesetz will," und dieses sei "unmittelbar in der Natur des Menschen, und in der Natur und dem Zweck des bürgerlichen Vereins gegründet, also ... so ewig und nothwendig ... als die allgemeine Vernunft" (W. 32, S. 45).

Obgleich er in dieser Hinsicht also über die konventionellen Vorstellungen eines Locke etwa hinausdenkt, geht er doch nicht ganz so weit wie Montesquieu,[51] denn als Anhänger des aufgeklärten Königtums lehnt er dessen Forderung nach einer gesetzlich festgelegten Teilung der Gewalten[52] ebenso ab, wie das von den damaligen Konservativen noch immer weitgehend anerkannte Recht des despotischen Herrschers auf eine absolute Souveränität Hobbesschen Musters. Auf diese Weise kommt er den Forderungen der Zeit nach bürgerlicher "Freiheit und Gleichheit" entgegen, ohne zugleich seine Grundsätze aufgeben zu müssen, die davon ausgehen, daß die freiwillige Beachtung natürlicher und bürgerlicher Rechte nicht von Menschen zu erwarten ist, die größtenteils nicht vernünftig sondern triebhaft handeln.

Daraus ergibt sich die Notwendigkeit verfassungsmäßiger Sicherungen, und eine solche kann, so glaubt er, bloß von einem aufgeklärten Herrscher akzeptiert werden. Dessen Fähigkeiten und Bereitschaft, "den Willen des obersten Gesetzgebers auszuspähen," schafft die Voraussetzung für jene gesellschaftliche Harmonie, die in der Natur vorgebildet ist und sich durch eine strenge, allumfassende Gesetzmäßigkeit auszeichnet. Um diese auf die zwischenmenschlichen Beziehungen auszudehnen, muß der Staat, von Wieland auch die "Vereinigung freier vernunftfähiger Wesen" genannt (*Ueber den Neufränkischen Staatseid ...*, W. 32, S. 41), so konstituiert sein, daß er in der Lage ist, "den Gesetzen, welchen alle Bürger gleichen Gehorsam schuldig sind, diesen Gehorsam wirklich zu verschaffen" (ebda., S. 45). Somit sind die Wahrung der persönlichen Sicherheit der Bürger und die Aufrechterhaltung der öffentlichen Ordnung die beiden untrennbar miteinander verbundenen Aufgaben des Staates. Und darum erteilt Wieland auf die Frage: "Ist's möglich, daß Freiheit und Gleichheit keinen höhern Werth ... haben? " die Antwort: "Keinen so hohen als Sicherheit und Ordnung." (*Entscheidung des Rechtshandels ...*, W. 32, S. 98)

Da Wieland gern am Hergebrachten festhält und die sich damals bereits deutlich abzeichnende Trennung der Begriffe von Staat und Gesellschaft

---

[51] Vgl. Vogt, a.a.O., S. 62ff.; H. R. G. Greaves, "Locke and the Separation of Power," *Politica*, 1, 1934, S. 90—100, bes. S. 98ff.; sowie A. B. Gibson, "Nature and Convention in a Democratic State," *AJP*, 29, 1951, S. 1—20, bes. S. 2.

[52] Diese hätte er noch 1777 in seinem Aufsatz *Ueber das göttliche Recht der Obrigkeit* befürwortet, behauptet Vogt, a.a.O., S. 48.

offenbar nicht durchführt,[53] fällt es ihm nicht schwer, von der Sicherheit in einer doppelten Bedeutung zu sprechen. Einerseits meint er damit die Sicherheit des Staates, als der "Vereinigung freier vernunftfähiger Wesen," vor der Willkür unvernünftiger Einzelner, anderseits die Sicherheit des Einzelnen vor den Übergriffen der Herrschaft. Die Sicherheit im ersten Sinne muß sich zwangsläufig gegen die Freiheit des Bürgers richten, denn sie "kann nur da ein wirkliches Gut heißen, wo kein böser Mensch sicher ist" (*Das Versprechen der Sicherheit . . .*, W. 31, S. 171). Mithin besitzt sie einen physischen sowohl als auch einen moralischen Charakter, weil moralische und bürgerliche Freiheit, die ja ohne Sicherheit nicht bestehen können, voneinander nicht zu trennen sind. So erklärt sich die Forderung, die in der *Entscheidung des Rechtshandels . . .* die "bürgerliche Gesellschaft" an den um Aufnahme ersuchenden "Naturmenschen" stellt: "Du entsagst . . . deinem natürlichen Recht an Unabhängigkeit . . . und unterwirfst dich allen Gesetzen, die ich zu Bewirkung der allgemeinen Sicherheit gegeben habe, weil sie allein dir für deine Sicherheit Gewähr leisten." (W. 32, S. 116ff.) — Ganz ähnliche Vorstellungen entwickelten bereits Hobbes und Locke.[54] Bei Wieland allerdings werden sie durch die Verkündung der "ewig unwandelbaren Grundwahrheit" ergänzt, derzufolge die "Unverletzbarkeit der Regenten und ihrer Rechte auf keinem andern Grund beruht als die Unverletzbarkeit der Rechte des Volks" (*Ueber Constitutionen*, W. 32, S. 286). Wer diese Grundwahrheit anerkennt, ist zur Beachtung der Rechte beider gleichermaßen verbunden.

* * *

Wielands Gesellschaftskritik ist stark wirklichkeitsbezogen. Sie berücksichtigt die moralischen Schranken des Menschen, der ein geselliges Wesen ist und erst in der Gesellschaft all die Möglichkeiten zur Selbstvervollkommnung findet, durch die er zu einer moralischen Persönlichkeit werden kann. Da er aber als Einzelner meistens unvernünftig bleibt, entbehrten seine vorgeschichtlichen Versuche zu einem gesellschaftlichen Zusammenschluß Wielands Ansicht nach ebenfalls einer vernünftigen Grundlage. Das schließt die Annahme des Gesellschaftsvertrages aus, der ohne vernünftige Absicht ebenso wie ohne die Gleichheit der Vertragspartner undurchführbar ist.

Die Gleichheit, obschon theoretisch in der Natur des Menschen gelegen, existiert in der Praxis nicht, weil jede menschliche Gemeinschaft von überdurch-

---

53 "Bis weit ins 18. Jahrhundert hinein," schreibt W. Conze, "waren societas und civitas in aristotelischer Tradition gleichbedeutend verstanden worden . . . Noch . . . tritt uns das alte Verhältnis in Kants Rechtslehre entgegen . . ." (S. 3 in "Staat und Gesellschaft in der frührevolutionären Epoche Deutschlands," *HZ*, 186, 1958, S. 1–34.)
54 Vgl. Strauss, a.a.O., S. 486.

schnittlichen Einzelnen dominiert wird, die ihre physische und geistige Über-legenheit kaum je zum allgemeinen Besten einsetzen, sondern meistens zu ihrem persönlichen Vorteil ausnutzen. Auch dann also, wenn zu Beginn des gesell-schaftlichen Zusammenschlusses ein Vertrag angenommen wird, ist mit einer Aufrechterhaltung des darin festgelegten Kräftegleichgewichts nicht zu rechnen, vielmehr mit einer baldigen Übernahme der Macht durch einen der beiden Kontrahenten. Vollzogen wird eine solche meistens von einer starken Führer-natur, weil es dem "Volk" seiner Langmut und Trägheit wegen gewöhnlich an der erforderlichen Initiative mangelt.

Das ist *eine* der Überlegungen, in der Wielands Überzeugung von der Natürlichkeit der Alleinherrschaft gründet. Da er der Kontrakttheorie keinen Glauben schenkt, bemüht er sich um eine ungezwungene Erklärung für die Gründung menschlicher Gemeinwesen. Er findet sie einmal in dem Anhänglich-keits- und Liebesbedürfnis der Menschen. Auf ihm beruhen die familiären Bindungen, aus denen heraus sich größere Gemeinschaften, wie Stämme und Völker, entwickelt hätten, deren Bestand durch die Wahrung ihrer natürlichen Eintracht gesichert gewesen, über kurz oder lang jedoch stets durch die unvermeidliche Berührung mit der verderbten Außenwelt untergraben worden wäre. Freilich wird die Frage nach den Ursachen für die Verdorbenheit dieser Außenwelt nirgends direkt beantwortet, d.h. also nicht in Form einer Theorie, wie sie beispielsweise Locke oder Rousseau aufstellen. Vielmehr ist sie in den gelegentlichen Auseinandersetzungen mit ihnen zu suchen und kann aus diesem und anderen Gründen nicht völlig überzeugen.

Einer davon ist Wielands Ironie, der er sich mit Vorliebe in seinen gegen Rousseau gerichteten Schriften bedient. Dessen Kulturpessimismus reizt ihn z.B. zu der Behauptung, daß die gesellschaftlichen Übel letzten Endes auf die "Schminkbüchse" zurückgingen, d.h. auf die Eitelkeit der Menschen eher als auf deren Entfernung von ihrem hypothetischen "Naturstand." Auch setzt er sich von jenen Theorien ab, die in einer durch die Einführung des Besitzrechtes geschaffenen sozialen Ungleichheit, oder in der auf den Wissensdurst zurückzu-führenden Aufklärung der Menschen den Anfang des gesellschaftlichen Verfalls zu finden glauben. Wieland kann sich ihnen nicht anschließen, weil die durch die naturgemäße Bodenständigkeit bedingte Einfalt seiner Idyllenbewohner diese für derartige Möglichkeiten unanfällig macht. Weil sie aber aufgrund ihrer Unbe-fangenheit der durch den unvermeidlichen Kontakt mit der Außenwelt verur-sachten Sittenverderbnis besonders leicht erliegen, büßen sie ihre "Glückselig-keit" am Ende doch ein. Deren Verlust sei allerdings nicht zu bedauern, denn er sei unabwendbar und leite eigentlich erst jenes Wachstum ein, das aus naiven Naturgeschöpfen sittliche Menschen zu machen verspricht. – Das alles sind Allegorien. Hinter ihrer scheinbaren Oberflächlichkeit verbirgt sich aber der Ernst ihres lächelnden Autors, der zwar etwas leichtfertig von der "Schmink-büchse" und von menschlicher Eitelkeit spricht, damit jedoch in Wirklichkeit auf die im ersten Kapitel behandelte Unvollkommenheit des Menschen anspielt, die ihn "ewig im nämlichen Kreise von Tugend und Laster . . . herumtreiben" wird (vgl. I., S. 36).

Eine andere Erklärung Wielands für den gesellschaftlichen Beginn fußt auf der Annahme, daß die Menschen ursprünglich als Jäger und Nomaden in einem Zustand wilder Anarchie eher nebeneinander- als zusammenlebten, in welchem sie durch die Angst der Einzelnen vor den Naturgewalten und durch die — auch hier wieder wirksam werdende — Autorität geborener Führernaturen zusammengehalten wurden. Stellt Wieland seine Beschreibungen der auf Eintracht und Liebe gegründeten Naturidyllen der Einzelgängertheorie Rousseaus entgegen, so möchte er mit seinen Hinweisen auf die ursprüngliche Rohheit der Menschen die Fragwürdigkeit der Hypothese Rousseaus vom edlen Wilden enthüllen.

Obwohl das Königtum nach Wielands Meinung mit der natürlichen Ordnung des Weltalls im Einklang steht und jeder König dementsprechend ein Herrscher von Gottes Gnaden ist, besitzt er keine Befugnis dazu, willkürlich und tyrannisch zu herrschen. Seine Aufgabe besteht im Gegenteil darin, die Menschen in Übereinstimmung mit ihren Natur- und Bürgerrechten zu regieren, von denen das Recht auf Selbstvervollkommnung als unverletzlich gelten muß. Wird ihnen dieses Recht verwehrt, so muß ihnen die Möglichkeit gegeben werden, sich durch Auswanderung dem Druck des Herrschers zu entziehen.

Das ist die Wurzel des Wielandischen Weltbürgertums und dessen positive Seite. Seine Kehrseite ist Wielands Elitedenken, das dem überdurchschnittlichen Einzelnen Daseinsmöglichkeiten zugesteht, die es der Masse der gewöhnlichen Menschen aus praktischen Überlegungen heraus vorenthalten zu können glaubt. Für diese Menschen bleibt die weltbürgerliche Freiheit ein Zustand, von dem sie sich kaum eine Vorstellung zu machen vermögen. Auf seine Verwirklichung setzt Wieland vielleicht gewisse Hoffnungen, doch läßt sich dieses aus seinen Schriften nirgends mit Sicherheit schließen.

Seine Abneigung gegen die Demokratie beruht, genau wie seine Zweifel an der Realisierung des Weltbürgertums, auf praktischen sowohl als auch auf moralischen Argumenten. Wer sich, wie das "Volk," nicht selbst beherrschen kann, besitzt weder die Fähigkeit noch einen Anspruch darauf, Andere zu regieren. Darüber hinaus spreche die geschichtliche Erfahrung gegen die Lebensfähigkeit der Demokratie, in der die "Vielherrscherei" sich selbstzerstörerisch auflöse, während doch gerade diese Verfassungsform des vernünftigen, zweckmäßigen Zusammenwirkens aller Glieder viel mehr bedürfe als z.B. die Monarchie.

Wielands Betrachtungen laufen darauf hinaus, daß die Unvernunft der Menschen ihrer natürlichen Forderung nach Freiheit und Gleichheit entgegenstehe. Statt dieser bedürfen sie der Sicherheit, denn nur sie gestatte es den meisten von ihnen, ihren bürgerlichen Pflichten nachzugehen. Könne eine Regierung ihren Bürgern keine Sicherheit garantieren, so disqualifiziere sie sich selbst, und diese hätten das Recht, sie zu beseitigen. Sie hätten dann sogar das

Recht zur Revolution. Nur müßten zwei Voraussetzungen erfüllt werden: erstens, daß die Revolution einem *vernünftigen* Volke zu einer ihm angemessenen Lebensweise verhilft (was der planlose Aufruhr eines unvernünftigen Pöbels nie vermag). Zweitens, daß die erforderlichen Gewaltmaßnahmen tatsächlich die einzige und letzte Möglichkeit einer Änderung der Verhältnisse versprechen. Andernfalls verbieten sich Revolutionen von selbst, weil ihre Folgen unabsehbar sind und mit einer allmählichen, in der Natur der Dinge liegenden Besserung der Zustände ohnehin gerechnet werden könne.

Wielands schwankende Haltung mit Bezug auf Revolutionen findet ihre Parallele in seiner Einstellung zur Monarchie. Zwar befürwortet er sie als die beste aller je verwirklichten Regierungsformen, doch sieht er ihrem Niedergang und ihrer unvermeidlichen Beseitigung mit der Gelassenheit dessen entgegen, der weiß, wie unvollkommen und vergänglich alles Menschenwerk ist. Seine Hoffnungen richten sich auf eine Regierungsform der Vernunft. Deren Verwirklichung allerdings bleibt utopisch, solange die Menschen das bleiben, was sie sind: "größtentheils . . . keine vernünftigen Wesen." (vgl. I., S. 35) Wie Schillers "schöne Seele" muß Wielands Regierungsform der Vernunft daher als ein *Ideal* verstanden werden, von dem er die Wirklichkeit weit entfernt wußte.

III. KONSEQUENZEN FÜR AUFKLÄRUNG UND TOLERANZ

Im zweiten Teil des *Goldnen Spiegels* behauptet Wieland, daß "das strafwürdigste, das ungeheuerste aller Verbrechen – die Beleidigung der Menschheit sey" (W. 8, S. 60). Der Grund dafür ist, daß er den Menschen für "ein vernünftiges, sich selbst durch den Gebrauch seiner Vernunft bestimmendes Wesen, folglich eine freie Person" hält (vgl. I., S. 13). Mag der Einzelne auch weit hinter diesem Ideal zurückbleiben: die Möglichkeiten zu seiner Erreichung dürfen ihm nicht genommen werden, er darf "nie, unter keinerlei Vorwand, die Sache eines andern Menschen . . . oder von einem andern, wider seinen freien Willen, als bloßes Mittel oder Werkzeug zu seinem Privatnutzen gebraucht werden" (*Ueber Constitutionen*, W. 32, S. 276). Ähnliches findet sich in Kants *Kritik der praktischen Vernunft*, wo behauptet wird: "In der ganzen Schöpfung kann alles, was man will, und worüber man etwas vermag, auch *blos als Mittel* gebraucht werden; nur der Mensch und mit ihm jedes vernünftige Geschöpf ist *Zweck an sich selbst.* Er ist nämlich das Subject des moralischen Gesetzes, welches heilig ist, vermöge der Autonomie seiner Freiheit."[1] Im Gegensatz zu Kant freilich versagte Wieland zwar "dem abstrakten Sittengesetz die Achtung nicht, schränkte seine Geltung aber ein."[2] Weniger konsequent als Kant, war er bereit, grundsätzliche Erkenntnisse praktischen Erfahrungen hintanzustellen. Darum fällt es ihm nicht schwer zuzugeben, daß es Fälle gäbe, "wo ein Mensch um seiner eigenen Sicherheit willen genöthiget ist, einen andern Menschen, wenn er kann, zu einem Sklaven zu machen; und eben dieser Fall kann, unter besondern Umständen und Einschränkungen, zwischen zwei Stämmen oder Völkern eintreten" (*Eine Lustreise ins Elysium*, W. 31, S. 430)

Einen solch realistischen Standpunkt akzeptierte man in Deutschland bei Männern des praktischen Lebens, wie Juristen oder Geschäftsleuten; bei Dichtern hingegen stieß man sich daran. Von ihnen erwartete man die Verkündung allgemeingültiger Wahrheiten, nicht die Bestätigung des Alltäglichen. Vergeblich also bemüht sich Wieland hier um den Eindruck der Allgemeingültigkeit seiner Maßstäbe durch den Zusatz: "aber außer diesen besondern Fällen kann kein Mensch den andern, kein Volk das andere zu seinem Sklaven zu machen berechtigt seyn." Derartige Einschränkungen von Einschränkungen konnten, mochten sie auch noch so angebracht und ehrlich gemeint sein, nur Verwirrung stiften und zum Verdacht der Unaufrichtigkeit führen. Und tatsächlich wurde er zu einem "negativen Classiker" abgestempelt, in dessen Werk die Romantiker beispielsweise "das böse Prinzip in der deutschen Literatur" erblickten.[3]

1 a.a.O., S. 87.
2 Hoppe, a.a.O., S. 823.
3 Wolffheim, a.a.O., S. 19ff.

Freilich relativierte Wieland nur bis zu einem gewissen Grade und ließ zumindest *einen* Wert unumschränkt gelten, nämlich den Wert der Wahrheit. Davon zeugen zu viele Belege, als daß sie alle hier berücksichtigt werden könnten. Ein Satz aus dem achten der *Göttergespräche* möge darum genügen, denn er drückt bei aller untypischen Gedrängtheit den Kern dieser Wielandischen Überzeugung aus: "Man gewinnt immer bei der Wahrheit, Freund Numa!" (W. 27, S. 363) In ihr wurzelt seine Befürwortung der Aufklärung, ohne die er sich die allmähliche, wenn auch in ihrem Endergebnis unabsehbare Vervollkommnung und anzustrebende "Glückseligkeit" der Menschen nicht vorzustellen vermochte.

Betrachtet man Wieland bloß als einen Vertreter seiner Zeit, sei es als Aufklärer, sei es als Vorklassiker, so wirkt seine Wertschätzung der Wahrheit nur natürlich. Doch war er ja seiner Skepsis wegen gar kein typischer Aufklärer, und die Ungewißheit, mit der er der erhofften Vervollkommnung der Menschheit entgegensah, war bei ihm kaum weniger stark ausgeprägt, als der Zweifel an ihrem Vernünftigwerden. "Nie," klagt er in seinen *Gedanken über den freien Gebrauch der Vernunft in Glaubenssachen,* "solange die Menschen — Menschen bleiben, wird das Licht die Finsterniß völlig verschlingen! Nie wird die Vernunft einer kleinen Anzahl über die Unwissenheit, den Stumpfsinn, die taumlige Imagination, die Armuth des Geistes und die Schwäche des Herzens der größern Anzahl die Oberhand gewinnen!" (W. 30, S. 8)

Diese Einsicht hätte ihn bei der Suche nach einer Erfüllung der Ideale der Wahrheit und Aufklärung entmutigen können. Seine Kenntnis Platons hätte ihn leicht dazu bewegen können, sich jenen Zeitgenossen anzuschließen, die sich dessen Auffassung von der Nützlichkeit der Lüge als Mittel zur Beeinflussung der Menschheit zu eigen gemacht hatten.[4] Genau wie er hatten sie die Leistungsgrenzen der menschlichen Vernunft erkannt und wußten, daß sie darum ein nur unvollkommenes Werkzeug zur Erschließung der Natur und zur Selbsterkenntnis war. Als solche würde sie den Hang der Menschen zu Subjektivität und Vorurteilen nie beseitigen können, so daß es besser wäre, ihnen diese zu belassen, weil sie ihnen zur Ausfüllung ihrer Wissenslücken und damit zur Beruhigung dienten. Wollte man ihnen aber doch die Augen öffnen, so wäre es ratsam, zwecks Verhütung größeren Schadens nicht schneller vorzugehen als unbedingt nötig und den schweren Weg zur Wahrheit durch Unwahrheiten zu ebnen.

Dem widersetzt sich Wieland ganz entschieden. Er tut es nicht nur darum, weil er die Nachteile einer solchen Praxis für das Volk erkennt, sondern vor allem aus dem Grunde, weil ihn deren wesentliche Unehrlichkeit abstößt. Die aus ihr resultierende Täuschung liefe "am Ende auf den bekannten Vexierschluß des Sophisten Eubulides hinaus, vermöge dessen entweder ein einziges Sandkorn

---

4 L. G. Crocker, "The Problem of Truth and Falsehood in the Age of the Enlightenment," *JHI*, 14, 1953, S. 575—603, bes. S. 579ff.

einen Haufen macht, oder zehntausend Sandkörner keinen." Im politischen Bereich bedeute das die Aufrechterhaltung des Status quo, dessen Verfechter behaupten: "... wenn eine Nation in diesem Augenblick noch nicht vernünftig ist, so wird sie es in dem nächstfolgenden eben so wenig seyn; nun aber hat jeder Augenblick einen nächstfolgenden; folglich wird sie nie vernünftig seyn, oder sie müßte es in einem Augenblick werden können." (*Träume mit offenen Augen*, W. 32, S. 225–226)

Auch bestreitet Wieland die Notwendigkeit der Erhaltung des Aberglaubens, sei es aus psychologischen Gründen, sei es zur Bemäntelung unserer Unwissenheit, oder selbst nur zur Ausfüllung unvermeidlicher Wissenslücken. Er räumt zwar ein, daß der *Glaube* "ein moralisches Bedürfniß der Menschheit" befriedige. Auch sei er dort, wo er durch die Vernunft "hinlänglich unterstützt" werde, "um den Namen eines vernünftigen Glaubens zu verdienen; und ... insofern er von Aberglauben und Dämonisterei frei bleibt, nicht nur ganz unschädlich, sondern dem menschlichen Geschlechte höchst wohlthätig und in gewissem Sinne unentbehrlich" (*Gedanken über den freien Gebrauch ...*, W. 30, S. 54–55). Doch unterscheidet er eben zwischen Glauben und Aberglauben und vermeidet trotz der Akzeptierung des einen die Sanktionierung des anderen.

Weicht Wieland darin von Lessing ab, für den der Glaube ja eine *"innere Wahrheit"* besitzt, die "keiner Beglaubigung von außen bedarf,"[5] d.h. also auch keiner Bestätigung durch die Vernunft, so distanziert er sich noch weiter sowohl von denjenigen, die — wie Reimarus etwa — den Glauben völlig verwarfen, als auch von der Schar der falschen Apologeten, denen er allein schon darum erhaltenswert schien, weil er sogar noch in seiner irrationalsten Form ein Körnchen Wahrheit sichtbar werden läßt. Ihnen erklärt Wieland, der Aberglaube gleiche einer falschen Münze, deren Weiterbenutzung töricht sei, sofern sich die Möglichkeit ihrer Ersetzung durch das Gold der reinen Wahrheit biete.[6] Handele es sich jedoch um echten Glauben, seien seine Beliebtheit beim Volk und seine beruhigende Wirkung auf ängstliche Gemüter unaufgeklärter Menschen keine ausreichenden Gründe für seine ewige Unantastbarkeit. Dem Durchschnittsbürger sei der Glaube ein inneres Bedürfnis und solle ihm darum nicht plötzlich genommen werden. Aber "das alles ist nur darum so, weil er unaufgeklärt ist. Besser wär' es doch immer, wenn er es nicht wäre; und wie kann er zu diesem Bessern anders gelangen als durch Aufklärung, d.i. wenn sein auf Vorurtheile gegründeter blinder Glaube einer aus freier Untersuchung entstandenen Überzeugung Platz macht? " (ebda., S. 23)

Die Erkenntnis der Unentbehrlichkeit des Glaubens für das "Volk" hindert Wieland also nicht an der Aufstellung der Idealforderung nach seiner Ersetzung

---

5 *Axiomata*, a.a.O., S. 129.
6 *Was verlieren oder gewinnen wir dabei, wenn gewisse Vorurtheile unkräftig werden,* W. 32, S. 12.

durch vernünftige Überzeugungen, obwohl er wie Lessing auf seinen erzieherischen Nutzen verweist. Er tut dies freilich aufgrund der Erkenntnis der historischen und kulturellen Relativität dieses Nutzens: "Religion, Wissenschaften und ihr ... Künste der Musen!," schreibt er in *Ueber die Behauptung, daß ungehemmte Ausbildung der menschlichen Gattung nachtheilig sey,* "ihr habt in der Kindheit der Welt die rohen, verwilderten Menschen gezähmt" (W. 29, S. 316). Die Religion bedeutet ihm demnach also in erster Linie ein historisches Mittel zur Zivilisierung moralisch unmündiger Menschen. Sie garantiere, um mit Schiller zu reden, die *"Unzerstörbarkeit* unsers Wesens" und liefere "Beruhigungsgründe für unsere Sinnlichkeit."[7] Deshalb ist sie aber noch lange nicht, wie Herder es ausdrückt, "die höchste Humanität des Menschen."[8] Wieland räumt ein, daß "einzelne Menschen und ganze Völker, *wenn sie schon gut sind* [meine Betonung – A. E. R.], durch Gottesfurcht desto besser werden" (*Agathon* III, W. 6, S. 328) und daß ursprünglich "Gesellschaften ... auf die Religion gegründet" wurden (*Gedanken über den freien Gebrauch...,* W. 30, S. 20–21). Wenn sie also darum schon nicht als völlig unnütz zu bezeichnen ist, empfiehlt es sich dennoch, ihren organisierten Vertretern, der Kirche, keine unnötigen Zugeständnisse zu machen. "In einem christlichen Lande," erklärt er deshalb in *Gespräche über einige neueste Weltbegebenheiten,* "können Kirche und Staat unmöglich zweierlei Interesse haben ... Was man ... die Kirche nennt, ist kein ... unabhängiger Staat im Staate. Sie ist die Totalsumme aller Glieder des gemeinen Wesens, insoferne sie sich zum christlichen Glauben bekennen ... Kirche und Staat, Staat und Kirche, immer Ein Ganzes aus denselben Theilen, Eine Gesellschaft eben derselben Menschen – Staat genannt, insofern sie ihr gemeinschaftliches irdisches Wohl betreiben – Kirche, insofern sie an Christum glauben" (W. 31, S. 347–348).

Es bleibe dahingestellt, inwiefern diese Auffassung seiner Kenntnis der Staatsphilosophie des Altertums oder seiner Übereinstimmung mit der Weltanschauung der Aufklärung zuzuschreiben ist. Ihre Grundzüge finden sich bei Solon, Platon und den altrömischen Gesetzgebern ebenso[9] wie bei Voltaire und Rousseau in Frankreich und Friedrich dem Großen und Joseph II. in Deutschland.[10] Sie alle lehnen eine mit dem weltlichen Verantwortungsbereich des Staates unvereinbare Sonderstellung der Kirche ab und empfehlen Maßnahmen zu ihrer Kontrolle, deren Ähnlichkeit in Anbetracht der Verschiedenartigkeit ihres geschichtlichen und geographischen Hintergrundes überrascht. Wieland schließt sich ihnen bereits im *Goldnen Spiegel* an, wo er das Staatswesen mit einer "großen Pflanzung" vergleicht, die ohne "Unkraut und Trespe und schmarutzerische Pflanzen" gedeihen müsse. Es käme also darauf an, daß solches

---

[7] *Vom Erhabenen,* a.a.O., S. 498ff.
[8] Herder, *Ideen zur Philosophie der Geschichte der Menschheit,* a.a.O., S. 161–162.
[9] L. G. Crocker, "The Problem of Truth and Falsehood ... ," a.a.O., S. 581ff. u. 594.

Unkraut "bis auf die kleinsten Fäserchen . . . ausgerottet" würde. Gemeint sind die Mönche, die "zu einer Zeit, da die Scheschianer . . . wenig besser als die . . . Thiere waren, vielleicht . . . einigen . . . Nutzen geleistet" hätten, nun aber, "da es für sie . . . keinen Platz mehr" gäbe, "verschwinden" sollten (W. 8, S. 191ff.). Später verschärft sich sein Ton sogar noch, denn im ersten seiner *Gespräche über einige neueste Weltbegebenheiten* schreibt er mit Bezug auf die Vorgänge in Frankreich: "In einem Staate . . . darf es keine Mitglieder geben, die den . . . Gesetzen nicht unterworfen sind . . . solche Glieder . . . müssen . . . als unnütze . . . Auswüchse . . . ausgerottet werden." (W. 31, S. 347) Seine privaten Bemerkungen schließlich offenbaren, daß er es durchaus ernst meinte[11] und im Bedarfsfalle den Einzelnen oder eine (sogar zahlreiche) Minorität der Erhaltung des Staates wegen aufzuopfern bereit war, vorausgesetzt natürlich, daß diese Opfer dem Fortschritt gebracht wurden.

Hinsichtlich der Kirche kamen in ihm keine Zweifel an der Richtigkeit seines Standpunktes auf. Die Macht der Kirche im Staate hielt er für gefährlich, denn sie verhinderte in seinen Augen die Selbstvervollkommnung der Menschen und war auf deren Bevormundung ausgerichtet. Die größte Gefahr erblickte er in der katholischen Kirche, einer "Partei, bei welcher die Intoleranz (in gewissem Sinne) sogar ein Grundgesetz ihrer Religion ist," und gegen welche "uns, solange sie bei dieser Denkart beharret, nichts als unsere politische Macht sicher stellen" könne (*Gedanken über den freien Gebrauch . . .*, W. 30, S. 64) — Daß er anderen Kirchen mehr gewogen gewesen wäre, ist keiner seiner Schriften zu entnehmen.

Und dabei enthüllen sich die Grenzen seiner Toleranz. Sie bedeutet kein Entgegenkommen in dem Sinne, daß Wieland es jedem Einzelnen überließe, zu tun und zu lassen was ihm beliebt, solange er nur nicht den Gesetzen zuwiderhandelt. Sie hört vielmehr bereits dort auf, wo die Gesellschaft, die ja "der eigentliche wahre Naturstand" ist, geistig bedroht wird. Wieland verurteilt asoziale Elemente nicht weniger als reaktionäre, die Handlung nicht weniger als den Vorsatz, wenn sie vernunftwidrig sind. Seine Unduldsamkeit richtet sich

---

10 Masur, a.a.O., S. 39; vgl. aber auch A. J. Hanan, "Plato's 'Laws' and Modern Legislation," *AJPP*, 1, 1923, S. 114—124, bes. S. 118.
11 So gesteht er z.B. in dem *Schreiben an einen Korrespondenten in Paris* (24.9.1792): "So entsetzlich es . . . ist, daß Priester und Laien zu . . . Tausenden gemetzelt . . . worden sind . . . wenn der Staat . . . nicht anders . . . erhalten werden können: so werde ich zwar ein . . . Wehe! über ein solches Volk ausrufen . . . aber ich werde es . . . darum allein . . . umso weniger verdammen, da der Tod fürs Vaterland im Notfall Pflicht für alle ist . . ." (Zitiert bei H. v. Koskull, *Wielands Aufsätze über die Französische Revolution*, S. 51) — Und an Reinhold schreibt er am 22.7.1792: "Wie vieles auch an den Jakobinern . . . auszustellen ist, so kann ich mich doch nicht erwehren, ihre Sache . . . zu begünstigen; denn in fine finali, würde ihre Unterdrückung unfehlbar der Tod der Gleichheit und Freiheit sein, und wenn Frankreich . . . Monarchie oder Republik sein müßte, so ist es wahrl. besser, daß Einer umkomme, als daß das ganze Volk verderbe." (Zitiert bei F. Martini, *Christoph Martin Wieland, Werke . . .*, a.a.O., Bd. 3, S. 1011—1012)

nicht gegen einen Glauben oder die Zugehörigkeit zu einer Kirche an sich. Solange Menschen "ihre Fähigkeiten und Tugenden . . . zum gemeinen Besten anwenden können," dürfen sie glauben und sein, was sie wollen. Auch solle ihnen "der Eintritt in . . . eine . . . Classe unbenommen seyn" (*Der goldne Spiegel* II, W. 8, S. 193—194), oder es müßte ihnen im Falle unannehmbarer Bedingungen und Konsequenzen "erlaubt seyn, sich selbst von dem Körper der Nation abzutrennen, auszuwandern" (*Sendschreiben an Herrn Professor Eggers in Kiel,* W. 31, S. 145). Dennoch zeichnen sich bei Wieland die Gefahren ab, die dem Menschen durch eine ausschließlich auf ihn abgestimmte, "humanistische" Weltanschauung drohen, deren Kriterium zwar nicht "das dem materiellen Bedürfnis des Tages Angemessene"[12] allein, aber doch das geistige und physische Wohl des Einzelnen ist, das "eine strengere und sorgfältigere Erfüllung aller Pflichten der Humanität und Liebe" erfordert (*Euthanasia,* W. 30, S. 224).

Daß er bei alledem das Recht des Privatmannes auf einen "vernünftigen Glauben" für sich in Anspruch nimmt, sollte nach den obigen Ausführungen nicht verwundern. Die Überlegungen, die er besonders im Alter über die Seele und ihre Beschaffenheit anstellt, sind aufgrund ihrer Fruchtlosigkeit nämlich nur scheinbar im Widerstreit mit seiner Ansicht, daß die Religion darum abzulehnen sei, weil sie den Menschen in seiner Existenzangst durch eine vernünftig weder beweisbare noch widerlegbare Hoffnung auf die persönliche Unsterblichkeit ermutige, mithin also sein moralisches Verantwortungsbewußtsein schwäche. Vielmehr geht Wieland von der Erkenntnis aus, daß "die Natur immer mehr die Grenzen des Wunderbaren" verenge, und "wir finden uns hier auf allen Seiten von so vielen Unbegreiflichkeiten umringt, daß uns beinahe nichts mehr in Erstaunen setzt." (*Ueber den Hang der Menschen, an Magie und Geistererscheinungen zu glauben,* W. 30, S. 98) Die laufenden Neuentdeckungen unserer Zeit werfen also eine immer schneller wachsende Anzahl unbeantwortbarer Fragen auf und bringen uns unsere bleibende Unwissenheit nur desto stärker zum Bewußtsein. Darum schade es nichts, "sich zuweilen einer . . . Schwärmerei der Phantasie und des Herzens zu überlassen" (vgl. I., S. 39). Wirkliche Gefahr drohe uns nur von jenen, die mit dem Argument unserer Unfähigkeit, die Wahrheit zu ergründen, zugleich unsere Befugnis zur Bemühung um sie in Abrede stellen möchten. Ihre Einstellung laufe letzten Endes auf den Verzicht auf unsere Mündigkeit zugunsten der Kirche und ihrer Diener hinaus.

Eine solche Zumutung wies Wieland von sich. Mag er auch zu Ende seines Lebens der ewigen Zweifel müde gewesen sein:[13] sich auf das Urteil anderer zu verlassen lag ihm fern. Ebenso fern lag ihm, anderen seine Meinungen aufzudrängen. Ob er weniger zurückhaltend gewesen wäre, wenn er mit seiner

---

12 Wolffheim, a.a.O., S. 158. Diese Behauptung ist ebenso unrichtig wie Wolffheims Konzentration auf die idealistischen Merkmale der Weltanschauung Wielands, bei der die gefährlichen Momente leicht übersehen werden.
13 Vgl. Sengle, a.a.O., S. 472.

persönlichen Vorstellung vom "vernünftigen Glauben" wie Kant z.B. einen logisch begründeten, überzeugenden Begriff[14] verbunden hätte, ist eine offene Frage. Fest steht lediglich, daß er sich des rein spekulativen Charakters derartiger Vorstellungen stets bewußt blieb. Sie waren nichts weiter als Mutmaßungen, Selbstbefragungen eines denkenden Menschen, der davon überzeugt war, daß — wie Kant es in der *Kritik der reinen Vernunft* ausdrückt — die "Natur der Causalität aus Freiheit wenigstens *nicht widerstreite.*"[15] Sie nötigten ihm das Geständnis ab, daß "eben diese Vernunft — welche uns abhält, zu entscheiden, daß etwas darum unmöglich sey, weil wir uns keine deutliche Vorstellung machen können, wie es möglich sey," uns verbiete, "etwas bloß darum für möglich zu erklären, weil wir nicht einsehen, wie und warum es unmöglich seyn sollte." (*Ueber den Hang der Menschen . . .*, W. 30, S. 98)

Das aber war es gerade, was die Kirche verlangte, indem sie erklärte, der Glaube an ein Nachleben sei nicht schon deshalb abwegig, weil dieses unbeweisbar bliebe; daß ein solcher Glaube im Gegenteil aus dem Grunde vertretbar sei, weil die Unmöglichkeit des Nachlebens ihrerseits unbeweisbar wäre.

Lag der Kirche somit an der Behauptung ihrer Glaubenssätze, so ging es Wieland um die Erschließung neuer Wissensbereiche, d.h. um Aufklärung — wenngleich mit dem Vorbehalt, daß sich diese auf "sichtbare Gegenstände" zu beschränken habe. Freilich: Wieland war nicht so einfältig, das Adjektiv "sichtbar" im buchstäblichen Sinne zu gebrauchen. Es bedeutete ihm vielmehr "alles dem äußern und innern Auge Sichtbare" (*Sechs Antworten auf sechs Fragen*, W. 30, S. 371–372). Da aber das dem "innern Auge Sichtbare" weder von allen gesehen, noch von jenen, die es sehen können, übereinstimmend wahrgenommen wird, muß gerade in Glaubenssachen die allergrößte Zurückhaltung geübt werden. Vorausgesetzt also, daß kein Mensch dem anderen seinen Glauben aufzuzwingen versucht, darf ein jeder Anspruch auf Duldung erheben: "Ist kein Mensch unfehlbar . . . gibt es eine unendliche Menge von Gegenständen . . . über die es . . . unmöglich ist . . . ins Klare zu kommen: so trage jeder seine Meinung . . . bescheiden . . . vor, ohne einen Andern zu verunglimpfen . . . welcher vernünftige Gründe zu haben glaubt, anders zu denken." (*Gedanken über den freien Gebrauch . . .*, W. 30, S. 35)

Hier spielt für Wieland, ebenso wie im gesellschaftlich-politischen Bereich, die Frage nach der Vernünftigkeit der Menschen die ausschlaggebende Rolle, d.h. es

---

14 Für Kant ist "die Annehmung eines weisen Welturhebers . . . das Princip, was unser Urtheil . . . bestimmt, zwar *subjectiv* als Bedürfniß, aber auch zugleich als Beförderungsmittel dessen, was *objectiv* (praktisch) nothwendig ist, der Grund einer *Maxime* des Fürwahrhaltens in moralischer Absicht, d.i. ein *reiner praktischer Vernunftglaube.*" (*Kritik der praktischen Vernunft*, a.a.O., S. 146)

15 2. Auflage 1787, a.a.O., S. 377.

geht ihm hauptsächlich um die Wahrung der Glaubensrechte der Deisten, deren Überzeugungen er höher schätzte als alle anderen. Geschickt versucht er darum, die Gegenpartei mit ihren eigenen Argumenten in Verlegenheit zu bringen: "Was könnten ... Christen für einen ... Grund haben, [einen Deisten] von ihrer ... Gemeinschaft auszuschließen? Wenn sie ... überzeugt sind, daß der Glaube ... zu seinem ... Wohl nöthig sey, ist es nicht Pflicht, ihm die Gelegenheit dazu nicht zu versagen? ... falls es ihnen ja doch so wichtig scheint, daß Jedermann in allen Stücken glaube wie sie? " (ebda., S. 36ff.) — Die Ironie seiner Rhetorik darf nicht falsch ausgelegt werden. Wieland ist kein absoluter Gegner des Christentums. Dessen geschichtliche Verdienste bestreitet er, wie bereits ausgeführt, ebensowenig wie dessen moralischen Kern. Diesen betont er allerdings, im Gegensatz zu Lessing etwa, weniger als den mythologischen, irrationalen Überbau der Lehre, den es abzutragen gelte. Am Ende eines solchen Reinigungsprozesses steht, so hofft er, der Deismus, ein Glaube, der "weder atheistische noch dämonistische Grundsätze hat," und den "das Christenthum offenbar ... zur Grundlage hat." Er glaubt zu wissen, daß die "Christianer der ersten Jahrhunderte ... stolz darauf waren, Deisten zu seyn" (ebda., S. 35ff.). Daß sie es nicht mehr sind, ist das Ergebnis historischer Entwicklungen, die bei aller Verständlichkeit eine untragbare Situation geschaffen haben. Während Lessing optimistisch genug ist, deren Lösung der Zukunft zu überlassen und ja darum auch den dramatischen Konflikt im *Nathan* z.B. aus keiner religiösen Spannung heraus zu gestalten vermag, sondern ihm eine persönliche Motivierung geben muß, warnt Wieland: "Die unter uns im Schwang gehende Gleichgültigkeit gegen die Religion ist eine sehr unzuverlässige ... Schutzwehre. Wer mit der Geschichte der Menschheit und Religion bekannt ist, kann unmöglich gleichgültig darüber seyn, in welchem Zustande sich eine Sache befinde, die in den Händen des Thoren, des Schwärmers, des Tartuffe ... zum Werkzeuge so vieles Unheils werden kann." (ebda., S. 64) Worauf es also ankomme, seien verfassungsmäßige Vorkehrungen zu seiner Verhinderung.

Infolgedessen setzt Wielands Eintreten für die Jesuiten zunächst in Erstaunen. Mag es ihm auch 1789, also sechzehn Jahre nach der Auflösung ihres Ordens, nicht allzu schwer fallen, sich seiner ehemaligen Glieder "anzunehmen" (*Jesuiten. Ein Wort für dieselben*, W. 35, S. 263), so darf gerechterweise dennoch nicht übersehen werden, daß er der einzige unter den bedeutenden Deutschen seiner Epoche ist, der sich für sie in dieser Form engagiert.

Genau genommen freilich ist es ihm keineswegs um eine Apologie der Jesuiten als Vertreter eines kirchlichen Ordens, noch viel weniger um eine Verteidigung ihrer Prinzipien zu tun. Er versucht lediglich, sie vor Verleumdungen in Schutz zu nehmen, weil er der Ansicht ist, "man müsse ihnen nicht mehr Böses Schuld geben als sie wirklich gethan haben, ihnen nicht übel auslegen, was einer sehr guten Auslegung fähig ist, ihnen nicht zur ... Last legen, was sie mit so vielen andern ... gemein haben." (ebda., S. 264). Bei alledem bleiben sie ihm — daran lassen seine Schriften gar keinen Zweifel — unsympathisch.

Wird demnach Wielands religiöse Toleranz durch den bereits erwähnten Grundsatz bestimmt, daß "jeder Mensch, außer dem allgemeinen Maß seiner Menschheit noch sein eigenes hat," so scheint es, als bliebe seine Einstellung zur Aufklärung davon ganz unberührt. Auf die Frage nämlich: "Wer ist berechtigt, die Menschheit aufzuklären?," antwortet er, daß "Jedermann ... ohne Ausnahme" dazu befugt sei, "sobald ihn sein guter oder böser Geist dazu treibt" (Sechs Antworten auf sechs Fragen, W. 30, S. 376).

Doch besteht zwischen prinzipieller Befugnis, die sich aus dem Menschsein jedes Einzelnen herleitet, und dessen Tauglichkeit zur Aufklärung anderer ein erheblicher Unterschied. Wieland glaubt also, daß die Aufklärung den Menschen weniger schade als ein Zustand, der dieser oder jener "Innung" die Ausübung einer ihren besonderen Vorstellungen und Absichten entsprechenden geistigen Einflußnahme gestatte, und er möchte darum "eine höchst unschuldige Einschränkung ... verfügen ... das sehr weise Strafgesetz ... gegen die ... geheimen Verbrüderungen zu erneuern und demzufolge Allen, die nicht berufen sind, auf Canzeln und Kathedern zu lehren, kein anderes Mittel zur ... Aufklärung ... zu gestatten, als die Buchdruckerpresse." (ebda., S. 376–377) Niemand sei nämlich besser in der Lage, die Menschen zu verwirren, als ein "Narr, der in einem Conventikel Unsinn predigt." (ebda.)

Uns mag diese These heute paradox anmuten. Wieland aber vertraut auf die weitgehende Immunität der Gebildeten gegen Irrlehren, auf ihr Urteilsvermögen, zumindest jedoch auf den vernünftigen Einfluß derjenigen unter ihnen, die — wie er — geheimen Gesellschaften angehörten, obwohl ihnen diese im Prinzip zuwider waren. Im Vergleich zu ihnen stellte das "Volk," sofern es überhaupt lesen konnte, kaum höhere Ansprüche an seine Lektüre als heutzutage. Während sich deren Inhalt leicht überblicken ließ, entzogen sich Mitgliedschaft und Betätigung in "Conventikeln" und "geheimen Verbrüderungen" dem offiziellen Einblick, so daß dort naive oder auch gewissenlose Demagogen weit mehr Unheil anzurichten vermochten als Buchautoren oder auf Umsturz bedachte Mitglieder jener Geheimorden, die sich vorwiegend aus Gebildeten zusammensetzten.

Darin erschöpft sich die Absicht der "unschuldigen Einschränkung" Wielands allerdings nicht. In Anbetracht der weitgehenden Beschränkungen nämlich, die es fast allen Durchschnittsbürgern unmöglich machten, "auf Canzeln und Kathedern zu lehren," oder Bücher, selbst wenn sie sie schreiben konnten, drucken und veröffentlichen zu lassen, wird erkenntlich, daß dem "Volk" somit praktisch jede aktive Beteiligung an der Aufklärung verwehrt war. Es überrascht also nicht, wenn Wieland bei aller Opposition gegen die Forderung nach Freiheit und Gleichheit nicht vor der Erklärung zurückscheut: "Ich verstehe unter Freiheit und Gleichheit ... nicht eine Verfassung, die dem Volke die höchste

Gewalt im Staate gibt ... sondern ich verstehe darunter Befreiung von willkürlicher Gewalt und Unterdrückung; gleiche Verbindlichkeit aller Glieder des Staats, den Gesetzen der Vernunft und Gerechtigkeit zu gehorchen; ungehinderten Gebrauch unsrer Kräfte, ohne irgend eine Einschränkung als die der letzte Zweck der bürgerlichen Gesellschaft nothwendig macht; Freiheit zu denken; Freiheit der Presse; Freiheit des Gewissens in allem, was den Glauben ... betrifft; — kurz, eine Freiheit, ohne die der Mensch, als ein vernünftiges Wesen, den Zweck seines Daseyns nicht erfüllen kann, die er aber auch nur insofern er wirklich ein vernünftiges Wesen ist recht gebrauchen kann ..." (*Sendschreiben an Herrn Professor Eggers in Kiel*, W. 31, S. 166—167) — Ganz abgesehen davon, daß zu der Befürchtung, das "Volk" könnte von den ihm prinzipiell zugestandenen Freiheiten Gebrauch machen, kein Anlaß war, wird ihm das Recht zu ihrer Ausübung durch die Schlußworte Wielands im Endeffekt ohnehin abgestritten.

Eine solche Interpretation mag zynisch anmuten. Doch bereits Sengle hat durchaus zutreffend erkannt, daß bei Wielands "Beurteilung des Volkes die persönliche Schwäche und Übergeistigkeit des Dichters eine wichtige Rolle" spielt. "Wieland, dieser Erasmus des 18. Jahrhunderts, ist in allem das Gegenteil eines Volkshelden. Allein man darf nicht übersehen, daß seine Einstellung auch objektive, ernstzunehmende Gründe hat. Einmal ist es der starke Sinn für Form, der es Wieland verbietet, die reine Demokratie anzuerkennen ... Ein zweiter, noch tieferer Grund seines Widerstandes ergibt sich aus seinem Zweifel an dem Dogma der Volkssouveränität."[16]

Tolerant im späteren Sinne dieses Wortes ist Wieland dementsprechend — zumal dem "Volk" gegenüber — nicht. Seine Toleranz erstreckt sich höchstens auf die Rechte vernünftiger Menschen, deren Bedürfnisse und Ansprüche er gewahrt sehen möchte. Darüber hinaus ist er — man erlaube die scheinbare Wortspielerei — nur duldsam. Er übt Duldung aus der Einsicht heraus, daß alle Menschen aufgrund ihres "animalischen Theils," ihrer "Vernunftfähigkeit" und, bedingt durch die ihnen "eigene Art der Organisirung," gleich seien. Darum stellt er in den *Gedanken über den freien Gebrauch der Vernunft in Glaubenssachen* die rhetorische Frage: "Was nennet man dulden? — Menschen werden doch wohl ... einander auf dem Erdboden dulden wollen?" (W. 30, S. 37) Bei Wieland bedeutet Duldung die Anerkennung der Existenzberechtigung im Hinblick auf die biologische Anlage der Menschen, deren Mehrheit er mit einem nie verhehlten Mißtrauen und spürbarer Geringschätzung begegnet, die sich unverkennbar gegen ihre triebhafte Unberechenbarkeit richtet. "Noch zähle ich es zu den besondern Vortheilen unsrer gegenwärtigen Lage," gesteht er in seinen Anmerkungen zu *Ueber Deutschen Patriotismus*, "daß die Aufklärung ... bei uns von oben herab zu wirken anfängt, und durch diesen Gang vieler noch

16 Sengle, a.a.O., S. 446.

wünschenswürdigen und nöthigen Verbesserungen den gefährlichen Folgen eines
entgegengesetzten Gangs . . . um so gewisser zuvorkommen werde" (W. 31,
S. 549).

Aus den Ausführungen im ersten Teil über Wielands Einschätzung der Rolle
der geistigen Elite und deren Zusammensetzung läßt sich unschwer auf die
Bedeutung der Worte "von oben" schließen. Sie beziehen sich in erster Linie
weder auf die politischen Machthaber, noch selbst auf die Gelehrten und
Wissenschaftler einer Nation. Die letztere Tatsache erstaunt nur, wenn man
Wielands Erfahrungen mit Bodmer und Breitinger und als Professor in Erfurt
außer acht läßt. Aus ihnen lernte er, "daß es allen Gelehrten um die Wahrheit zu
thun ist; aber die meisten sind so stark von der Wahrheit ihrer Meinungen
überzeugt, daß sie bloß darum immer Recht haben wollen, weil sie versichert
sind, daß sie wirklich immer Recht haben" (*Unterredungen mit dem Pfarrer von
****, W. 21, S. 223). − Nein: "von oben" bezieht sich auf den Einfluß der
"Schriftsteller − derjenigen nämlich, die . . . auf die Gemüther . . . lebhafte
Eindrücke zu machen geschickt sind. Sie − sind . . . die eigentlichen Männer der
Nation . . ." (*Ueber Deutschen Patriotismus*, W. 31, S. 553).

Stehen somit also auch diese Überlegungen unter dem Einfluß des Nützlich-
keitsstandpunkts und werden sie zudem von elitären Vorstellungen geprägt, so
wurzeln sie doch zutiefst in der Überzeugung: "Wahrheit kann nichts als
Wahrheit gebären, und sie ist nie mit sich selbst im Widerspruch" (*Eine Lustreise
ins Elysium*, W. 31, S. 425). Ihre Verkündigung ist die Voraussetzung der
Aufklärung und darum so wichtig, daß sie durch nichts gefährdet werden darf.
Gefährdet wird sie manchmal aber gerade von denen, die sie am eifrigsten
verfechten, weil es ihnen an der gehörigen Art und dem erforderlichen
Verständnis für Realitäten mangelt. "Freimüthigkeit," mahnt Wieland darum,
"kann sehr wohl mit Bescheidenheit bestehen . . . und es gibt schwerlich irgend
eine . . . Wahrheit . . . die man nicht, mit der gehörigen Art . . . predigen dürfte
. . . Es kommt sehr viel darauf an, wo, wann und von wem etwas gesagt wird."
(*Worte zur rechten Zeit*, W. 31, S. 294)

Bekanntlich hat sich Wieland nicht immer selbst zu genau an diese Weisung
gehalten. Aus seiner Jugend ist uns, wie Sengle es ausdrückt, die "berüchtigte
Vorrede zu den 'Empfindungen eines Christen' " bekannt, die den Versuch
darstellt, "gegen seine weltlichen Feinde Verbindung mit der Kirche" aufzu-
nehmen, und in der deshalb "mit unerhörter Heftigkeit . . . die anakreontischen
Sänger" gegeißelt werden.[17] Das hinderte ihn später freilich nicht daran, die
Stürmer und Dränger wegen ihrer ähnlich leidenschaftlichen Zeit- und Personen-
kritik zu rügen, der ja weder Tradition noch menschliche Leistung heilig waren.[18]
Seine Feindseligkeit erklärt sich jedoch nicht allein aus verletzter Eitelkeit,

17 a.a.O., S. 87.
18 ebda., S. 305.

sondern beruht weitgehend auf seinen durch Urbanität und Formgefühl gleich
stark bedingten ästhetischen Bedürfnissen. In ihnen wurzelt die für den reifen
und alten Wieland so bezeichnende Höflichkeit des Tones, durch die er sich nicht
zuletzt "von Lessing unterscheidet und . . . am deutlichsten als Vorläufer des
klassischen Goethe erweist."[19] Außer ihnen liegen natürlich auch praktische
Gründe für sie vor. Deren Nichtbeachtung erscheint ihm riskant, und er warnt die
Verantwortlichen bereits vor Ausbruch der Französischen Revolution davor, daß
"der Uebermuth, womit sie sich der ersten Augenblicke von Freiheit bedienen,
der geradeste Weg ist, sich derselben wieder verlustig zu machen" (*Antworten
und Gegenfragen auf die Zweifel und Anfragen eines vorgeblichen Weltbürgers*
[1783], W. 17, S. 177). Geißelt er darin aber noch eher die Maßlosigkeit der
Forderungen der "vorgeblichen Weltbürger," deren "Libertinismus," der "auf
Umsturz . . . losgeht" und "unsre Erdengötter . . . plötzlich . . . Maßregeln"
ergreifen lassen könnte, "die aller Aufklärung, Toleranz, Freiheit und Welt-
bürgerschaft . . . ein betrübtes Ende machen dürften" (ebda.), so beanstandet er
zehn Jahre danach ausdrücklich den "prophetischen Strafton" der politischen
Reformer. Daß die Gewalthaber diesen "gutherzig und dankbar aufnehmen
sollten," hält er für ausgeschlossen, dagegen für "sehr wahrscheinlich, daß das
Gegentheil erfolgen und sie vielmehr dadurch gereizt werden könnten, von
solchen . . . Neckereien . . . endlich Notiz zu nehmen, und sich durch eine einzige
schüttelnde Bewegung ihrer Machtgewalt auf immer Ruhe davor zu verschaffen."
(*Worte zur rechten Zeit,* W. 31, S. 300)

Wie die Ereignisse nach 1815 zeigen sollten, waren seine Befürchtungen nur
zu berechtigt. Nirgends aber finden wir Belege für seine Bereitwilligkeit zur
Aufgabe der Forderung nach Aufklärung, sei es auf politischem, sei es auf
religiösem Gebiet. Das unterscheidet ihn sehr vorteilhaft von den Anhängern
jener Staatslehre des 16. Jahrhunderts, die noch zu seiner Zeit davon überzeugt
waren, daß den Herrschern am besten damit gedient wäre, wenn die Völker
"durch Gewalt oder durch List gemeistert" würden.[20] Die Nützlichkeit der
Nationen nehme nämlich im Verhältnis zur Aufgeklärtheit ihrer Brüger zu,
glaubt er, und versucht schon im *Goldnen Spiegel,* die Fürsten von den ihnen
daraus zuwachsenden wirtschaftlichen Vorteilen zu überzeugen: "Bin ich mit
hunderttausend Unterthanen, deren jeder mir . . . dreimal so viel geben könnte
. . . nicht . . . reicher als mit funfzigtausend Bettlern . . . ? " (W. 8, S. 184—185)
Neben den wirtschaftlichen Vorteilen verweist er auf die Bedeutung der
politischen. Er hält es für ausgemacht, daß aufgeklärte, d.h. "über ihre
Verhältnisse, Rechte, Pflichten und ihr wahres Interesse richtig denkende

---

19 ebda., S. 251.
20 Hofter, a.a.O., S. 13; vgl. auch Crocker, "The Problem of Truth and Falsehood . . . ," a.a.O., S. 575: "Plato urged the use of lies . . . upon the people, the better to
manage them." Offenbar besaß Platon im 18. Jahrhundert noch zahlreiche Anhänger.

Menschen . . . leicht zu regieren" seien. Deshalb könne man "es nicht oft genug wiederholen: unbeschränkte Aufklärung . . . hat . . . niemals . . . Schaden gethan, und ist . . . das einzige . . . Mittel . . . wodurch die . . . Staaten befestiget, und ohne gewaltsame . . . Umwälzungen von . . . Gebrechen befreit werden könnten." (*Worte zur rechten Zeit*, W. 31, S. 292ff.) Im Gegensatz zu vielen anderen Zeitkritikern erkennt er, daß die Exzesse in Frankreich nicht die Folge zu voreiliger, sondern zu geringer Aufklärung des Nachbarvolkes sind. In *Was verlieren oder gewinnen wir dabei, wenn gewisse Vorurtheile unkräftig werden* verspottet er deshalb noch 1798 die Neigung gewisser Interessenkreise dazu, "das . . . Volk in Dummheit und Unwissenheit zu erhalten, weil man doch nun einmal in dem Wahne steht, daß ein unwissendes Volk leichter zu regieren sey als ein aufgeklärtes." (W. 32, S. 15) Das französische Experiment liefert den besten Beweis für seinen langgehegten Verdacht einer Überschätzung der geistigen Reife der Revolutionäre. Er weiß nun, welche Zweifel und Befürchtungen bei anderen europäischen Regierungen und Völkern durch die Ausschreitungen des französischen Pöbels ausgelöst worden sind. Desto wichtiger sei es jedoch, die Aufklärung voranzutreiben, denn sie allein könne die Menschheit in Zukunft vor Ähnlichem bewahren.

Derartige Überlegungen lösen bei ihm aber keine übertriebenen Erwartungen aus. Davor wird er einmal durch seine Skepsis hinsichtlich der menschlichen Vernunft bewahrt, noch spezifischer allerdings durch die Erkenntnis, daß sogar dann, wenn die Wahrheit den Menschen in einer angemessenen Form unterbreitet wird, ihre Wirkung auf die meisten von ihnen stets gering bleibt. Wie gering, das versucht er im *Peregrinus Proteus* am Beispiel des Philosophen Agathobulus zu erläutern. Über ihn schreibt er im zweiten Teil des Romans, er habe "die Lebensweisheit des Diogenes in die gute Gesellschaft eingeführt, und, indem er die Strenge ihrer Maximen . . . mit Urbanität und Grazie zu mildern wußte, Wahrheiten und Tugenden, welche sich gewöhnlich in den Cirkeln der Glücksgünstlinge weder hören noch sehen lassen können . . . selbst dieser . . . Classe von Menschen . . . ehrwürdig oder wenigstens erträglich gemacht." (W. 17, S. 104) Trotz all seiner wohlgemeinten Bemühungen muß der "gute Agathobulus" freilich erleben, daß "um aller Wahrheiten willen . . . nicht eine einzige Thorheit, Ungerechtigkeit und Schelmerei weniger in Alexandrien" begangen wird (ebda., S. 105)

Das bedeutet, daß die Überzeugungskraft der Wahrheit ihre Grenzen hat. Mag die Wahrheit immerhin "mit Urbanität und Grazie" verkündet werden, so hinterläßt sie doch oft unter den Menschen nicht den ihr gebührenden Eindruck, zumal nicht unter solchen Menschen, deren Vorstellungen bereits gefestigt sind und die ihre Vernunft zur Rechtfertigung ihrer sinnlichen Begierden und zur Sicherstellung ihrer persönlichen Vorteile zu gebrauchen gelernt haben. Eher schon wird sich die Wahrheit positiv unter jenen auswirken, die den Dingen unbefangen und aufgeschlossen gegenüberstehen, d.h. vor allem bei der Jugend.

Diese Annahme ist es, die Wielands intensive Beschäftigung mit den Problemen der Jugenderziehung erklärt, die innerhalb seiner Erziehungsromane einen besonderen Platz einnimmt und daher einmal einer angemessenen Untersuchung unterzogen werden sollte. Im Rahmen der Jugenderziehung wiederum richtet Wieland sein Augenmerk besonders auf die Erziehung des weiblichen Geschlechts, wie etwa in dem Aufsatz *Weibliche Bildung* (1786), oder auch *Bei der Anzeige von Schillers historischem Kalender für Damen* (1791), und vertritt darin z.t. sehr fortschrittliche Ansichten. Obwohl die Frau ja im 18. Jahrhundert politisch weitgehend unmündig bleibt, tritt sie erstmalig wieder seit dem hohen Mittelalter durch ihre künstlerische Eigenleistung hervor und findet zum ersten Male seit dem Minnesang eine erhöhte gesellschaftliche Beachtung. Doch selbst in Anbetracht dieser Tatsachen wirken Wielands Vorstellungen über die Frau ausgesprochen positiv, auch wenn er − wie anderweitig bereits festgestellt worden ist − keine extremen Ratschläge erteilt.[21]

Was er allgemeiner über die Bildung der Jugend zu sagen hat, finden wir u.a. im zweiten Teil des *Goldnen Spiegels*. "Ein Staat," heißt es dort, "könnte mit den besten Gesetzen, mit der besten Religion, bei dem blühendsten Zustande der Wissenschaften und Künste, dennoch sehr übel bestellt seyn, wenn der Gesetzgeber die Unweisheit begangen hätte, einen einzigen Punkt zu übersehen, auf welchen in jedem gemeinen Wesen alles ankommt − die Erziehung der Jugend." (W. 8, S. 213ff.) Insbesondere die städtische Jugend bedürfe einer möglichst sorgfältigen Erziehung, denn die Gefahren moralischer Verderbnis seien in den Städten noch erheblich akuter als auf dem Lande.

Wie bereits in einem anderen Zusammenhang, so wird auch hier wieder die Voreingenommenheit der Zeit gegen die Städte spürbar. Wieland sieht nicht "die Menge der Bürger an sich selbst" als das Übel des Großstadtlebens an. Vielmehr seien "die allzu große Verwicklung ihrer Interessen, der ... Zusammenstoß ihrer Forderungen ... die Ursachen dieser ... Gährung, welche den Staat zur Fäulniß geneigt macht." (ebda., S. 108) In den *Betrachtungen über J. J. Rousseau's ursprünglichen Zustand des Menschen,* wo er nach einer Erklärung für die Abneigung des Schweizers gegen die "Kultur" sucht, gesteht er, daß "der Anblick der ausschweifendsten Ueppigkeit und zügellosesten Verderbniß ... in einer von den Hauptstädten Europas, in diesem modernen Babylon" etwas sei, "welchem ein Philosoph ... seine Laster nicht ... leicht verzeihen kann" (W. 29, S. 167). Vermutlich beruht seine Haltung jedoch nicht ausschließlich auf zeitgemäßen Vorurteilen, sondern weitgehend auch auf seiner geschichtlichen Kenntnis des Altertums. Denn im zweiten Teil des *Peregrinus Proteus* etwa spricht er von der "ungeheuern Größe der Stadt Rom" und über die "unendliche

---

21 Wieland, glaubt M. G. Bach, war ein "calm and reasoning thinker," demgemäß um "peace and harmony in everything" bemüht und infolgedessen auch "in the feminist question ... would never venture with his views into the extreme." (*Wieland's Attitude toward Woman and her Cultural and Social Relations*, S. 54)

Menge ... Menschen, deren jeder seinen Zweck verfolgte" und die "sich ... durch und über einander herwälzten" (W. 17, S. 117) Im *Agathodämon* schreibt er gleichfalls von der "ungeheuern Stadt" Rom, "wo jedermann mit sich selbst genug zu thun hat" (W. 18, S. 106). Derartige Zustände könnten nur dann beseitigt und zukünftig vermieden werden, wenn die Gesetzgeber durch eine aufgeklärte Jugenderziehung für einen Sinneswandel unter den Menschen sorgten und dadurch die Voraussetzungen für ein harmonisches Zusammenleben schüfen. Besonders aber käme es auf die Erziehung zukünftiger Herrscher an, denn von deren Verhalten hinge ja das Leben im Staate weitgehend ab. Für Wieland nämlich besteht kein Zweifel daran, daß nur in einem "außerordentlich seltnen Fall ... ein Menschenkind geboren werde, aus welchem sich nicht ein Virtuos in der Regierungskunst, oder, was ... gleichviel bedeutend scheint, ein guter und weiser Fürst bilden ließe." (*Fragment eines Gesprächs zwischen einem ungenannten Fremden und Geron*, [1798], W. 32, S. 265)

Solch eine fast rührende Zuversicht in die Macht der Bildung überrascht nicht wenig, da doch Wieland anderweitig behauptet, "daß die Kunst zu regieren die schwerste aller freien Künste ... ist" (*Was verlieren oder gewinnen wir dabei ...*, W. 32, S. 27). Sie scheint darüber hinaus in völligem Widerspruch mit seiner bereits eingangs besprochenen Annahme von der Einmaligkeit des natürlichen Herrschertalents zu stehen, die er gelegentlich so geschickt mit der Lehre vom Gottesgnadentum zu vereinbaren wußte.[22] Für ihn freilich schließt eines das andere keineswegs aus, denn obgleich er einräumt, "daß man bloß durch ein glückliches Naturell ein Künstler, ein Dichter, kurz, alles wozu uns die Natur machen will, werden kann" (*Weibliche Bildung*, W. 36, S. 179), weiß er sehr gut, daß "die meisten, ohne ... Hülfsmittel, weit unter demjenigen bleiben, was sie ihrer Lage und Bestimmung nach seyn sollten, und bei gehöriger Cultur geworden wären." (ebda.)

Nur von den jugendlichen Vorstellungen seiner Schweizer Jahre rückt er mit diesen Anschauungen ab. Während er nämlich 1755 in seinen *Platonischen Betrachtungen über den Menschen* z.B. die Ansicht äußert, die "Genien" seien "zu Gesetzgebern, zu Lehrern, zu Führern" durchschnittlicher Menschen "bestimmt," diese also dementsprechend "zum Gehorchen gemacht" (W. 29, S. 120), kommt er im Laufe der Jahre zu der Erkenntnis, daß derartige Simplifizierungen den tatsächlichen Gegebenheiten bei weitem nicht gerecht werden. Zwar bedürfen die meisten Menschen — daran hält er fest — der Anleitung und Regierung. Diese jedoch ohne weiteres den "Genien" zu überlassen, wäre leichtsinnig, und 1781 macht er in *Athenion, genannt Aristion*

---

22 Das 9. der *Göttergespräche*, W. 27, S. 383, u. der Aufsatz *Ueber Constitutionen*, W. 32, S. 280ff., zeigen, wie skeptisch Wieland bei alledem die Rechtlichkeit des Gottesgnadentums beurteilte.

die nachdenkliche Feststellung: "Der Weise, sagen die Stoiker, ist schön, edel, reich, durchlauchtig, und Herr über Alles, weil er Herr über sich selbst ist. Und doch glaube ich nicht, daß sie gesagt haben, er sey ein Feldherr, ein Steuermann, ein Wundarzt." (W. 30, S. 330)

Daraus spricht, außer der größeren Belesenheit, die inzwischen gewonnene Einsicht in den Unterschied zwischen Theorie und Praxis, zwischen Geist und Tat, den der junge Dichter in seinem schwärmerischen Idealismus zu übersehen neigte. Aus ihr leitet sich ferner die Bedeutung des Wielandischen Begriffs "Cultur" ab. Mit ihm meint er nicht die Gesamtheit geistiger und künstlerischer Lebensäußerungen und auch nicht die Bildung oder verfeinerte Lebensweise im Sinne eines Endprodukts der Entwicklung aus der Barbarei. "Cultur" bedeutet ihm vielmehr Tat, Praxis und Entwicklung selbst. Sie ist dynamisch, ein Prozeß der Erziehung des Einzelnen sowohl als auch die fortdauernde Auseinandersetzung der Menschheit mit ihren Existenzbedingungen zum Zwecke ihrer Verbesserung. Daß er das Ende dieses Prozesses nicht abzusehen vermag, wissen wir. Weil er ihn als einen ewigen Kreislauf versteht, kann er sich zu keinem Kulturoptimismus durchbringen, wird darum aber noch kein Kulturpessimist, der in der kulturellen Entwicklung, wie z.B. Rousseau, den Grund für den Verfall der Menschheit erblickt.

Und doch weiß er, daß dort, wo die Kultur zu übermäßiger Verfeinerung führt, der Gesellschaft der physische und moralische Niedergang droht. Der Ansatzpunkt zu dieser Überzeugung findet sich in seiner Auffassung von dem Wesen der Schönheit, wie dieses etwa in dem Aufsatz *Ueber das Verhältniß des Angenehmen und Schönen zum Nützlichen* (1775) umschrieben wird. Dort lesen wir, "daß die Gebiete des Schönen und Nützlichen keine geschlossenen Gebiete, sondern auf so mannichfaltige Art durcheinander gewunden sind, daß es gar nicht möglich ist, ihre Gränzen jemals genau und zuverlässig anzugeben; kurz, daß eine so große Verwandtschaft zwischen ihnen ist, daß beinahe alles Nützliche schön, und alles Schöne nützlich ist, oder werden kann." (W. 33, S. 265) Entscheidend an diesem Gedanken ist allerdings, daß eben doch nicht *alles* Schöne nützlich ist, obgleich es das werden kann. Wird das Schöne nicht nützlich, sondern bloß um seiner selbst willen geschaffen, und wird den Menschen die Schönheit so wichtig, daß sie ihr das Nützliche unterordnen, so schweben sie in der Gefahr des moralischen Verfalls, weil der Schönheitskult zur Überbewertung von Äußerlichkeiten und zu einem Hang zum Luxus führt, diese jedoch die Vernachlässigung und Geringschätzung geistiger Werte nach sich ziehen: "Die Künste arten aus; das Nützliche wird dem Schönen, das Zweckmäßige dem Launischen der Mode, die einfältige Zierlichkeit der Formen einer übertriebenen Feinheit der Ausarbeitung geopfert. Diese Ueppigkeit der Künste unterhält den Luxus . . . und die Kunst selbst geräth in Verfall. Tifan, in dessen Augen der Luxus ein auszehrendes Fieber für jeden Staat war, ließ . . . alle Künste, welche keinen . . . Zweck noch Nutzen . . . haben . . . verbannen; er bemühte sich auch die Ausartung derjenigen, welche nützlich und unentbehrlich waren, zu verhindern."[23]

Es drängen sich hier Vergleiche zwischen Wieland und Schiller auf, der ja in *Über die ästhetische Erziehung des Menschen* zwischen "energischer" und "schmelzender" Schönheit unterscheidet und nachdrücklich auf die verweichlichende, erschlaffende Wirkung der letzteren hinweist, die sich besonders in den "sogenannten verfeinerten Weltaltern" schädlich auswirke.[24] Wieland zwar kommt, anders als Schiller, nicht logisch, sondern intuitiv zu solchen Schlußfolgerungen, was ihn aber nicht an der Erteilung sehr konkreter Ratschläge hindert. Um dem Übel zu steuern, sollte ein Herrscher, wie Tifans Beispiel im *Goldnen Spiegel* veranschaulicht, nicht nur wohlwollend, sondern vor allem aufgeklärt sein. Nur ein aufgeklärter Herrscher nämlich wird Gefahren erkennen und die Notwendigkeit ihrer Beseitigung einsehen können. Insofern ist die Aufklärung des Herrschers wichtiger als die der Untertanen. Fehlt sie nämlich nur diesen, so bleibt die Möglichkeit einer Besserung der Verhältnisse immerhin offen und kann, wie in Scheschian, durch entsprechende Maßnahmen des Herrschers erwirkt werden. Davon bleibt Wieland bis ins Alter hinein überzeugt und schreibt beispielsweise noch im zweiten Teil des *Aristipp*, die Cyrener würden "sich sehr beschämt finden," wenn sie "in allem, was ... zur ... Befriedigung der Sinnlichkeit dient ... übertroffen würden." Ihre Regierung jedoch bringt es allmählich fertig, durch "ein Theater und ein Odeon," durch "Schauspieler, Sänger und andre Künstler," die "Bürger zu veredeln," ihnen die Augen für "neue und reinere Quellen des Vergnügens" zu öffnen und auf diese Weise ihren "Temperamentsfehler" aufzuwiegen (W. 23, S. 338ff.). Wo im Gegensatz hierzu die Herrscher ebenso unaufgeklärt bleiben wie die Bürger, ist der gesellschaftliche Untergang unaufhaltbar.

Freilich stehen nach Wielands Verständnis Aufklärung und Kultur in gegenseitiger Wechselwirkung. Während die Kultur ohne die Aufklärung undenkbar ist, kommt es ohne eine vitale, geistig und künstlerisch fruchtbare Kultur von vornherein zu keiner Aufklärung. Denn jene Überdurchschnittlichen, die dem Fortschritt der Menschheit immer neue, entscheidende Impulse verleihen, können ihre Gaben nur in kultivierten Verhältnissen optimal entwickeln. "Nimmermehr," behauptet Wieland daher in *Ueber die Behauptung, daß ungehemmte Ausbildung der menschlichen Gattung nachtheilig sey*, "wird unter Wilden oder irgend einem kleinen Volke, das dem ursprünglichen Stande noch nahe ist, ein Palladio, ein Raffael, ein Erasmus, ein Bacon, ein Galilei, ein Locke, ein Shaftesbury, ein Montesquieu, ein Newton, ein Leibnitz gebildet werden. – Und wer kann ... die großen Vortheile mißkennen, welche sich ... von ... solchen Männern ... über die ganze Gattung ausbreiten ..." (W. 29, S. 313ff.)

---

23 *Der goldne Spiegel* II, W. 8, S. 189ff.; vgl. auch den 1. Teil des Romans, W. 7, S. 46.
24 a.a.O., S. 620.

Daß solche "Vortheile" ständigen Veränderungen unterliegen, steht in keinem Widerspruch zu der Erkenntnis ihrer Besonderheiten, die stets vom Volkscharakter und den jeweiligen historisch-geographischen Umständen abhängen und insofern in jedem beliebigen Augenblick das Endergebnis einer langen Entwicklung darstellen. Nur in ihrem Lichte können sie gebührend beurteilt werden, und darum bekämpft Wieland jene Ästheten, welche die Kunst, als die höchste Manifestation einer Kultur, von rein künstlerischen Standpunkten aus betrieben und bewertet sehen möchten, als Selbstzweck, oder allenfalls als Mittel zur Befriedigung persönlicher Geschmacksbedürfnisse.

Aus demselben Grunde freilich verurteilt er zugleich die Bemühungen der Traditionalisten um die Erhaltung oder Wiederbelebung unzeitgemäßer Kunstformen, die einer weiteren Entwicklung hinderlich sind. Er lehnt es ab, kulturelle Eigenheiten, künstlerisches Schaffen bloß wegen ihrer Erstmaligkeit zu beanstanden: "Die Begierde zum Verschönern und Verfeinern, und die Unzufriedenheit mit dem geringern Grade, sobald man einen höhern kennen lernt, sind die wahren einzigen und höchst einfachen Triebfedern, wodurch der Mensch es bis dahin gebracht hat, wo wir ihn sehen. Alle Völker, die sich vervollkommnet haben, machen den Beweis dieses Satzes, und wenn sich wirklich solche finden sollten, die . . . immer auf dem nämlichen Grade der Unvollkommenheit stehen blieben, oder gar einen gänzlichen Mangel jener Triebfedern der Vervollkommnung verriethen: so hätte man Ursache, sie vielmehr für eine besondere Art von menschenähnlichen Thieren als für wirkliche Menschen . . . zu halten." (*Ueber das Verhältniß des Angenehmen und Schönen zum Nützlichen*, W. 33, S. 264)

Selbstverständlich sind diese Worte nicht so auszulegen, als wäre Wieland ein Befürworter des Fortschritts um seiner selbst willen gewesen. Er beabsichtigte, indem er "Natur, Einfalt und Wahrheit über Künstelei, Flitterstaat und Schminke" stellte, "der Ungeschliffenheit und dem Cynismus" mancher ehrgeizigen Zeitgenossen "das Wort eben so wenig zu reden," wie "durch den Gegensatz unserer Schwäche mit der Stärke unserer Altvordern den . . . Modeton mitzuleiern" (*Ueber die vorgebliche Abnahme des menschlichen Geschlechts*, W. 29, S. 348). Derartige Äußerungen verschärften nur den Gegensatz zwischen ihm und seinen Kritikern. "Es war," bemerkt Sengle, "ein zweifelhaftes Vergnügen geworden, Symbol der Rokokokultur zu sein."[25] Zumal die "Wielandfeindschaft der Klopstockjünger im Göttinger Hain war nach der Weise dieser Jugend . . . blutig ernst . . . Bei den schwärmerischen Zusammenkünften dieser Studenten wurden Wielands Bücher zertreten oder verbrannt."[26] Doch ließ sich "erstaunlicherweise . . . in diesem Chor auch der priesterliche *Klopstock* vernehmen," der "in einem Tone, der nicht viel vornehmer und im Grunde verletzender war als der . . . der jungen Kraftgenies . . . in seiner 'Gelehrtenrepu-

---

25 Sengle, a.a.O., S. 306.
26 ebda., S. 305—306.

blik' (1774)'' schrieb: '' 'Es war einmal ein Mann, der viel ausländische Schriften las und selbst Bücher schrieb. Er ging auf den Krücken der Ausländer, ritt bald auf ihren Rossen, bald auf ihren Rossinanten, pflügte mit ihren Kälbern, tanzte ihren Seiltanz. Viele seiner gutherzigen und unbelesenen Landsleute hielten ihn für einen echten Wundermann. Doch etlichen entgings nicht, wie es mit des Mannes Schriften eigentlich zusammenhinge; aber überall kamen sie ihm gleichwohl nicht auf die Spur. Und wie konnten sie auch? Es war ja unmöglich, in jeden Kälberstall der Ausländer zu gehen.' ''[27] Damit gab Klopstock ''dem Wielandbild die Abstempelung, welche danach in Deutschland weitverbreitet und seit der Romantik herrschend ... wurde.''[28] Dieses Bild aber sollte, trotz seiner grotesken Verzerrungen und trotz vereinzelter Versuche zu seiner Berichtigung, auf Generationen hinaus ausschlaggebend bleiben.

* * *

Kennzeichnend für Wielands Einstellung zu Aufklärung und Toleranz sind zwei seiner Grundüberzeugungen: erstens ist der Mensch, dessen Vervollkommnungsfähigkeit zwar unbestimmt, dennoch aber zu erhoffen und anzustreben ist, ein Wesen, das von Natur aus mit Vernunft ausgestattet, daher im Prinzip ''frei'' und jedem anderen Menschen gleich ist. Zweitens verfügt ein jeder über individuelle Fähigkeiten, und darum fällt auch die Aufklärung und Erziehung der Menschheit jenen Einzelnen zu, die aufgrund ihrer Gaben dazu berufen sind.

Weil Wieland weiß, daß die meisten Menschen ungeachtet ihrer Vernunftbegabung nicht eigentlich vernünftig sind, hält er die Selbstvervollkommnung für ihre vornehmste Pflicht und mißt aus diesem Grunde der Aufklärung die höchste Bedeutung bei. Dementsprechend setzt er sich für die Verbreitung der Wahrheit ein. Obwohl sich diese von niemandem ganz ergründen läßt, wird sie doch weitgehend von jenen außergewöhnlichen Geistern erahnt, zu denen in erster Linie die Dichter und Schriftsteller gehören. Sie sind die eigentliche Elite eines jeden Volkes, und auf ihre Rolle spielt Wieland an, wenn er auf eine ''Aufklärung von oben'' drängt.

Dieser müssen alle Lebensgebiete und Schaffensbereiche offenstehen, soziale Fragen und Politik nicht weniger als Kunst und Religion. Wer diese Forderung mit dem Argument der Unvernünftigkeit des ''Volkes'' abweist, steht dem Fortschritt im Wege und muß bekämpft werden. Aufgeklärte Menschen allein sind wirklich nützlich und in Zeiten politischer Gärung zuverlässig. Darum erwachsen der Gesellschaft aus der Aufklärung geringere Gefahren als aus Täuschung und Betrug.

27 ebda., S. 305.
28 ebda.

 Wieland duldet die Religion im Sinne eines persönlichen Glaubens aus der Erkenntnis heraus, daß die Menschen in ihrer Mehrzahl ihre Vernunft nicht zu gebrauchen verstehen und darum zu ihrem Seelenfrieden der Religionslehren bedürfen. Somit trage die Religion mittelbar zur gesellschaftlichen Ordnung und Sicherheit bei. Diese müssen gewährleistet werden, wenn die Menschen ihrer Selbstvervollkommnung nachgehen sollen. In dem Augenblick allerdings, wo die Religion von der Kirche zur ausschließlichen Richtschnur erhoben wird, droht sie, die geistige und moralische Entwicklung der Menschheit zu unterbinden und ihren Dienern eine Sonderstellung im Staate zu sichern, die dessen Bestand gefährdet und darum nicht geduldet werden darf.

Weil die Wahrheit im Grunde nützlich ist, soll ihre Verkündung keinem Menschen verwehrt sein. Gelassen nimmt Wieland die Tatsache hin, daß nicht viele Menschen die Wahrheit zu erkennen vermögen und darum oder aus Absicht meistens Halbwahrheiten oder ausgesprochenen Unsinn verbreiten. Solange dies öffentlich geschieht, werden sich die unzähligen irrigen Meinungen die Waage halten und schlimmstenfalls eine Verzögerung der Aufklärung und des Fortschritts verursachen. Sobald hingegen die Verbreitung der "Wahrheit," so wie irgend ein "Narr, der in einem Conventikel Unsinn predigt" diese eben sieht, zur Innungssache wird, ist mit einer völligen geistigen Stagnation und darüber hinaus sogar mit rückläufigen Entwicklungen zu rechnen.

Um ihnen vorzubeugen, rät Wieland zu Vorsichtsmaßnahmen und hofft, daß z.B. eine negative Reaktion der Machthaber vermieden werden kann, wenn die Wahrheit mit gebührender Höflichkeit und möglichst taktvoll vorgebracht wird. Er weiß aber auch, daß solcher Vorkehrungen ungeachtet nicht unbedingt mit dem erhofften Erfolg der Aufklärung zu rechnen ist, weil diese stets ohne Wirkung auf jene Menschen bleiben wird, die ihre Vernunft nicht zu ihrer Vervollkommnung, sondern zur Rechtfertigung ihrer selbstsüchtigen Motive gebrauchen.

Es komme also vor allem auf die Aufklärung der Jugend an. Besonders die städtische Jugend bedürfe einer entsprechenden Anleitung, weil in den Städten die Gefahr der Sittenverderbnis akuter sei als auf dem Lande mit seiner natürlichen Lebensweise. Durch die Entfremdung der Städter von der Natur nämlich werde u.a. die Unterordnung des Nützlichen und Praktischen unter das Schöne gefördert, die Sucht nach Luxus genährt und damit ein Streben nach äußeren Werten in Gang gesetzt, welche schließlich die Moral der Gesellschaft untergraben.

Insofern ist sich Wieland also der Gefährdung der Menschheit durch zivilisatorische Überfeinerung und kulturelle Entartung deutlich bewußt. Er leugnet jedoch die Schädlichkeit der Kultur an sich und kritisiert das von Rousseau ausgehende Streben zurück zur Natur und zu einer primitiven Art von Existenz, die dem gegenwärtigen Stand der Menschheit nicht mehr angemessen ist, weil diese nur auf einer höheren Kulturstufe jene Persönlichkeiten hervorbringt, die den Fortschritt aller vorantreiben.

SCHLUßBETRACHTUNG

Richard Samuel erinnert daran, daß Goethe bei der Gedächtnisfeier zu Ehren Wielands vor der Freimaurer-Loge Amalia in Weimar "eine solch großartige Übersicht über Charakter, Werk und Ausstrahlung dieses Mannes" gegeben hat, "daß heute noch keiner, der sich mit Wieland beschäftigt, daran vorbeigehen kann."[1] Ebensowenig kann die Wielandforschung heute freilich an dem monumentalen Werk Sengles über Wieland vorbeigehen und wird es wohl noch lange nicht tun können.

Auch zu dieser Untersuchung kamen wichtige Anregungen von Sengle, der ja u.a. feststellt, daß bei allem "Schwanken" Wielands, dem "unheimlichen Flimmern seines Lebenslaufes und Werkes, in der endlosen Ironisierung und Komplizierung seiner Gegenstände nicht alle Orientierung" verloren gehen dürfe, weil es nämlich dennoch "etwas spezifisch Wielandisches gibt."[2] Man müsse zugeben, "daß sein Werk und Leben in einzelnen Punkten sprunghaft oder undicht war und doch des Zusammenhangs nicht entbehrte," einer "Kernsphäre des Dichters,"[3] die es herauszuarbeiten gelte.

Der Verfasser hat versucht, diesen Zusammenhang und diese Kernsphäre im Gesellschaftskritiker Wieland zu erhellen und glaubt, sie in dessen Auffassung von der Freiheit des Menschen gefunden zu haben. Er hofft, daß ihm dadurch ein Beitrag zur Klärung gewisser Widersprüche in den gesellschaftlich-politischen Anschauungen Wielands gelungen ist, die bei anderen Betrachtern immer wieder Anlaß zu Beanstandungen gegeben haben. Auf alle Fälle aber dürfte im Obigen deutlich geworden sein, daß Wielands Ansichten sich darum einer einfachen und sicheren Beurteilung entziehen, weil er nicht zu jenen seltenen, völlig unbeirrbaren Menschen gehört, deren Größe sich selbst in Zeiten tiefen Umbruchs durch die Beibehaltung eines ganz geraden, klaren Kurses beweist.

Wieland war weder so zuversichtlich wie Lessing, der von dem Glauben an die "beste Welt" noch zu durchdrungen war, um sich über die Freiheit des Menschen viele Gedanken zu machen; noch war er, im Gegensatz zu Kant und Schiller, genügend überzeugt von der Kraft der menschlichen Vernunft, um sich von ihrem Einfluß die Lösung der sittlichen und gesellschaftlichen Probleme dieser Welt zu versprechen. Nur von ganz wenigen, außergewöhnlichen Einzelnen erwartete er "moralisches Heldenthum" — und auch von ihnen erwartete er es nicht immer und unbedingt. Die Masse, das "Volk" hielt er demgegenüber keines vernünftigen Handelns für fähig. Darum gestand er ihm nur unter weitgehenden

---

1 Samuel, a.a.O., S. 46.
2 Sengle, a.a.O., S. 10.
3 ebda., S. 11.

Vorbehalten den Anspruch auf jene "Naturrechte" der Menschheit zu, deren Anerkennung in der gesellschaftlichen Sphäre er im Prinzip verfocht.

Er bekannte sich zum Recht auf Revolutionen — doch nur, sofern diese *vernünftigen* Menschen einen vernünftigen Lebenswandel in einer vernünftigen Staatsform ermöglichen sollten. Er bekämpfte dieses Recht, sofern der unvernünftigen Masse dadurch eine Handhabe zum Umsturz bewährter (wenn auch nicht idealer) Verfassungen gegeben würde. Er bezweifelte nicht die grundsätzliche Gültigkeit der Ideale der Freiheit und Gleichheit, hielt jedoch unter den gegebenen Umständen die Wahrung der Sicherheit für sehr viel wichtiger. Er war von der gesetzmäßigen Einrichtung des Weltalls und von der sich aus ihr ableitenden "natürlichen" Berufung entsprechend befähigter Einzelner zur Herrschaft über die vorwiegend unmündige Masse zu überzeugt, um der Demokratie, so wie er sie kannte, in der politischen Wirklichkeit eine echte Chance einzuräumen. Er bekannte sich zur Gedanken-, Presse- und Redefreiheit, denn er war durchdrungen von dem absoluten Wert der Wahrheit und kämpfte unermüdlich für ihre Verbreitung zum Zwecke der Aufklärung der "thierischen" Mehrheit. Zugleich jedoch zögerte er, *allen* Menschen, ohne Rücksicht auf Bildung und charakterliche Eignung, *in der Praxis* gleiche Wirkungsmöglichkeiten bei der Aufklärung zuzubilligen.

Er war ein Stadtmensch, der vor den Gefahren des Großstadtlebens warnte und für eine "natürliche" Lebensweise plädierte. Dennoch glaubte er im Gegensatz zu Rousseau nicht daran, daß der Menschheit mit einer Rückkehr zur Natur gedient wäre, weil ihr Fortschritt, soweit dieser überhaupt absehbar sei, von dem Einfluß jener "Genien" abhinge, deren Fähigkeiten in unkultivierten Verhältnissen ungenutzt verkümmern müßten. Zum Zwecke des kulturellen Wachstums befürwortete er die nationale Mannigfaltigkeit, verwarf aber der Ordnung halber jenen nationalen Partikularismus, der die Völker voneinander trennte und ihre weniger positiven Seiten förderte.

Er gab die Hoffnung auf eine allmähliche Vervollkommnung der Menschheit, des "unsterblichen Anthropodämons Mensch" nicht auf und sah die Basis zu dieser Vervollkommnung in der "Selbstveredlung" des Individuums. Zugleich erkannte er aber, daß die Entwicklung der Menschheit "nie ins Unendliche" gehen, sondern auf jeden Aufstieg stets ein erneuter Verfall folgen würde. Er war, kurz gesagt, ein Dichter, der dem Widerspruch nicht auswich, weil er als Mensch die Widersprüchlichkeit des Lebens akzeptierte und wußte, daß es in dieser "sublunarischen Welt" die Menschen sind, die das Schicksal trotz seiner höheren Gesetzmäßigkeit mitgestalten. Er war, gestand er in seinen *Reflexionen* (W. 36, S. 326), überzeugt von der "Pflicht, von der menschlichen Natur gut und groß zu denken: aber wer von den Menschen, die er vor und um sich hat, immer das Beste denkt, läuft Gefahr, der Narr seiner guten Meinung zu werden." — Dieser aber ist er nie geworden.

ABKÜRZUNGSVERZEICHNIS

Aus Raumgründen wurden in den Fußnoten sowohl als auch in der Bibliographie die Titel der für diese Untersuchungen benutzten wissenschaftlichen Zeitschriften fast durchwegs abgekürzt. Als Anleitung dazu wurde die "Master List and Table of Abbreviations" der *MLA International Bibliography of Books and Articles in the Modern Languages and Literatures* (1971) verwendet. Ergänzende Abkürzungen wurden so abgefaßt, daß ihre Verwechslung mit solchen vermieden wird, die sich in der "Master List" auf Zeitschriften beziehen, welche bei der vorliegenden Arbeit nicht herangezogen wurden.

AJP	Australasian Journal of Philosophy
AJPP	Australasian Journal of Psychology and Philosophy
DT	Der Türmer
DU	Der Deutschunterricht
DVLG	Deutsche Vierteljahrsschrift für Literaturwissenschaft und Geistesgeschichte
Fo u F	Forschungen und Fortschritte
Goethe	Jahrbuch der Goethe-Gesellschaft
GL & L	German Life and Letters
GR	Germanic Review
GRM	Germanisch-romanische Monatsschrift
GS	Germanische Studien
HZ	Historische Zeitschrift
JDSG	Jahrbuch der deutschen Schiller-Gesellschaft
JGIW	Jahresberichte des Gymnasiums und der Industrieschule in Winterthur 1906–1907 und 1907–1908
JHI	Journal of the History of Ideas
MLQ	Modern Language Quarterly
Neophil	Neophilologus
P	Philosophy
PhR	Philosophical Review
PQ	Philosophical Quarterly
SGVC	Schlesische Gesellschaft für vaterländische Cultur
SVEC	Studies on Voltaire and the Eighteenth Century
Univ	Universitas
VfL	Vierteljahreszeitschrift für Literaturgeschichte
VKM	Velhagen und Klasings Monatshefte
VSWG	Vierteljahrschrift für Sozial- und Wirtschaftsgeschichte
Wis An	Wissenschaftliche Annalen
WZUB	Wissenschaftliche Zeitschrift der Humboldt-Universität Berlin. Gesellschafts- und sprachwissenschaftliche Reihe
ZPF	Zeitschrift für philosophische Forschung

IV. BIBLIOGRAPHIE

Albaum, M., "The Moral Defenses of the Physiocrats' Laissez-Faire," *JHI*, 16, 1955.
Allan, D. J., "Nature, Education and Freedom according to Jean-Jacques Rousseau," *P*, 12, 1937.
Bach, M. G., *Wieland's Attitude toward Woman and her Cultural and Social Relations*, Columbia University Press, New York 1922.
Barth, H., "Über die Idee der Selbstentfremdung des Menschen bei Rousseau," *ZPF*, 13, 1959.
Beck, L. W., *A Commentary on Kant's Critique of Practical Reason*, U.C.P., Chicago 1960.
Beißner, F., Staiger, E., Sengle, F., Seiffert, W., *Wieland, vier Biberacher Vorträge 1953*, Insel Verl., Wiesbaden 1954.
Berger, H., *Wielands philosophische Romane, mit besonderer Berücksichtigung des Aristipp*, Diss. München 1944.
Bock, W., *Die ästhetischen Anschauungen Wielands*, Fleischel & Co., Berlin 1921.
Boor, H. de u. Newald, R., *Geschichte der deutschen Literatur von den Anfängen bis zur Gegenwart*, Beckse Verlagsbuchhandlung, München 1957.
Braunreuther, K., "Über die Bedeutung der physiokratischen Bewegung in Deutschland in der zweiten Hälfte des 18. Jahrhunderts," *WZUB*, 1, 1955.
Bruford, W. H., *Germany in the Eighteenth Century*, Cambridge University Press, Cambridge 1935.
Buchwald, R., *Schiller*, Insel Verl., Wiesbaden 1959.
Bultmann, D. R., "Der Gedanke der Freiheit nach antikem und christlichem Verständnis," *Univ*, 2, 1959.
Burke, E., *Reflections on the Revolution in France*, W. & T. Fordyce, Newcastle-upon-Tyne 1841.
Cassirer, E., *Rousseau, Kant, Goethe*, übers. v. J. Gutmann, P. O. Kristeller u. J. H. Randall, P.U.P., Princeton 1945.
Cassirer, E., *The Philosophy of the Enlightenment*, übers. v. F. C. A. Koelln u. P. J. Pettegrove, P.U.P., Princeton 1951.
Cassirer, E., *The Platonic Renaissance in England*, übers. v. J. P. Pettegrove, Nelson & Sons Ltd., Edinburgh 1953.
Clark, R. T., *Herder*, University of California Press, Berkeley 1955.
Clark, W. H., "Wieland and Winckelmann: Saul and the Prophet," *MLQ*, 17, 1956.
Conze, W., "Staat und Gesellschaft in der frührevolutionären Epoche Deutschlands," *HZ*, 186, 1958.
Crocker, L. G., "The Problem of Truth and Falsehood in the Age of the Enlightenment," *JHI*, 14, 1953.
Crocker, L. G., "Voltaire's Struggle for Humanism," *SVEC*, 4, 1957.
Dieckmann, H., "An Interpretation of the Eighteenth Century," *MLQ*, 15, 1954.
Dilthey, W., *Das Erlebnis und die Dichtung*, Teubner Verl., Stuttgart 1957.
Ebbinghaus, J., "Interpretation and Misinterpretation of the Categorical Imperative," *PQ*, 4, 1954.
Elson, C., *Wieland and Shaftesbury*, Columbia University Press, New York 1913.
Ermatinger, E., "Der Dichter der Abderiten," *VKM*, 1, 1933.
Ermatinger, E., "Die Weltanschauung des jungen Wieland," *JGIW*, (Beilage), Winterthur 1907.
Ermatinger, E., "Wielands geistige Welt," *Goethe*, 19, 1933.
Gerhard, L., "Wieland als Politiker," *DT*, IX, 1, 1906.
Gibson, A. B., "Nature and Convention in the Democratic State," *AJP*, 29, 1951.
Gibson, A. B., "The Political Philosophy of Jean Jacques Rousseau," *AJPP*, 6, 1928.
Greaves, H. R. G., "Locke and the Separation of Power," *Politica*, 1, 1934.
Gregor, M. J., *Laws of Freedom*, Blackwell, Oxford 1963.
Groß, E., "C. M. Wielands 'Geschichte des Agathon' Entstehungsgeschichte," *GS*, 86, 1930.
Hanan, A. J., "Plato's 'Laws' and Modern Legislation," *AJPP*, 1, 1923.

Hartung, F., "Der aufgeklärte Absolutismus," *HZ*, 180, 1955.

Harward, J., "The Early Stoics," *AJPP*, 8, 1930.

Hashagen, J., "Zur Deutung Rousseaus," *HZ*, 148, 1933.

Herder, J. G., *Ideen zur Philosophie der Geschichte der Menschheit, Herders sämmtliche Werke*, Herausg. B. Suphan, Weidmannsche Buchhandlung, Berlin 1887, Bd. 13, Teil 1, 4. Buch.

Hettner, H., *Geschichte der deutschen Literatur im 18. Jahrhundert*, Paul List Verl., Leipzig 1928.

Hettner, H., *Literaturgeschichte des 18. Jahrhunderts in drei Theilen*, Friedrich Vieweg & Sohn, Braunschweig 1881.

Hofter, W., *Das System des Illuminatenordens*, Diss. Heidelberg 1956.

Holldack, H., "Der Physiokratismus und die absolute Monarchie," *HZ*, 145, 1932.

Homeyer, F. O., "Wieland und Goethe," *GL&L*, 4, 1950—1951.

Hoppe, K., "Philosophie und Dichtung," *Deutsche Philologie im Aufriß*, Bd. 3, Herausg. W. Stammler, Erich Schmidt Verl., Berlin 1962.

Hoppe, K., "Wieland und Lessing," ebda.

Jaspers, K., *Plato, Augustin, Kant*, R. Piper & Co., München 1957.

Kant, I., *Kritik der reinen Vernunft* (2. Auflage 1787), Akademie-Textausgabe (unveränderter photomechanischer Abdruck des Textes der von der Preußischen Akademie der Wissenschaften 1902 begonnenen Ausgabe von Kants gesammelten Schriften), Bd. III, Walter de Gruyter & Co., Berlin 1968.

Kant, I., *Kritik der reinen Vernunft* (1. Auflage 1781), ebda., Bd. IV.

Kant. I., *Kritik der praktischen Vernunft*, ebda., Bd. V.

Kausch, K.-H., "Die Kunst der Grazie. Ein Beitrag zum Verständnis Wielands," *JDSG*, 2, 1958.

Kausch, K.-H., "Wielands Verserzählungen im Unterricht der Oberstufe," *DU*, 3, 1959.

Kayser, W., "Die Anfänge des modernen Romans im 18. Jahrhundert und seine heutige Krise," *DVLG*, 28, 1954.

Kind, H., "Christoph Martin Wieland und die Entstehung des historischen Romans in Deutschland," *Gedenkschrift für Ferdinand Josef Schneider (1879—1954)*, Herausg. K. Bischoff, Verl. Hermann Böhlaus Nachf., Weimar 1956.

Kistler, M. O., "Dionysian Elements in Wieland," *GR*, 35, 1960.

Klein, T., *Wieland und Rousseau*, Diss. München 1902.

Kluge, H., *Geschichte der deutschen National-Literatur*, O. Bonde K.-G., Altenburg/Thür. 1937.

Korff, H. A., *Geist der Goethezeit*, Koehler & Amelang, Leipzig 1964.

Koskull, H. v., *Wielands Aufsätze über die Französische Revolution*, Diss. München 1901.

Kühnemann, F., "Wieland und die Philosophie," *SGVC*, Jahresbericht 106, 1933.

Kurz, H., *Geschichte der deutschen Literatur*, Bd. 2, Teubner Verl., Leipzig 1888.

Leinert, M., *Wieland als Politiker*, Diss. Leipzig 1920.

Lessing, G. E.: *G. E. Lessings sämmtliche Schriften*, Herausg. K. Lachmann, krit. durchges. v. F. Muncker, Göschen, Leipzig 1886—1924.

Mackie, J., "The Social Background of Epicureanism," *AJP*, 26, 1948.

Mann, O., *Lessing*, Marion v. Schröder Verl., Hamburg 1961.

Martini, F., "C.M. Wieland und das 18. Jahrhundert," *Festschrift für Paul Kluckhohn und Hermann Schneider*, J.C.B. Mohr (Paul Siebeck), Tübingen 1948.

Martini, F., "C. M. Wieland. Zu seiner Stellung in der deutschen Dichtungsgeschichte im 18. Jahrhundert," *DU*, 5, 1956.

Martini, F. u. Seiffert, H. W., *Christoph Martin Wieland, Werke in fünf Bänden*, Hanser, München 1964—1968.

Martini, F., "Wieland, Napoleon und die Illuminaten. Zu einem bisher unbekannten Briefe," *Un Dialogue des Nations. Mélanges Fuchs 1967. Extraits*, Hueber, München u. Klincksieck, Paris (kein Datum).

Martini, F., "Wieland-Forschung," *DVLG*, 24, 1950.

Masur, G., "Naturrecht und Kirche. Studien zur evangelischen Kirchenverfassung Deutschlands im 18. Jahrhundert," *HZ*, 148, 1930.

McNeely, J., "Historical Relativism in Wieland's Concept of the Ideal State," *MLQ,* 22, 1961.
Meinecke, F., *Machiavellism — the Doctrine of Raison d'Etat and its Place in Modern History,* übers. v. D. Scott, Routledge & Kegan Paul, London 1957.
Meinecke, F., *Weltbürgertum und Nationalstaat,* Oldenbourg, München & Berlin 1922.
Miller, M. E., "Kant — the Man, his Work and Thought," *AJPP,* 2, 1924.
Miller, R. D., *Schiller and the Ideal of Freedom,* Clarendon, Oxford 1970.
Nadler, J., *Literaturgeschichte der deutschen Stämme und Landschaften,* Habbel, Regensburg 1924.
Neill, T. P., "Quesnay and Physiocracy," *JHI,* 9, 1948.
Parker, L. J., *Christoph Martin Wielands dramatische Tätigkeit,* Francke, Bern 1961.
Perkins, J. A., "Diderot and La Mettrie," *SVEC,* 10, 1959.
Perkins, M. L., "Voltaire's Principles of Political Thought," *MLQ,* 17, 1956.
Peyre, H., "Influence of 18th Century Ideas on the French Revolution," *JHI,* 10, 1949.
Preisendanz, W., "Wieland und die Verserzählung des 18. Jahrhunderts," *GRM,* 12, 1962.
Raabe, A., *Schillers idealistischer Realismus,* Semmel, Bonn 1962.
Ratz, A. E., "Ausgangspunkte und Dialektik der gesellschaftlichen Ansichten C. M. Wielands," *Seminar,* VII, 1, 1971.
Ratz, A. E., "C. M. Wieland: Toleranz, Kompromiß und Inkonsequenz. Eine kritische Betrachtung," *DVLG,* 42, 2, 1968.
Reichert, A., *Wielands Stellungnahme zur Frage der Pressefreiheit und ihre Auswirkung auf sein publizistisches Schaffen,* Diss. München 1948.
Reichert, W., "The Philosophy of Archytas in Wielands 'Agathon'," *GR,* 24, 1949.
Reimann, P., *Hauptströmungen der deutschen Literatur 1750—1848,* Dietz, Berlin 1956.
Rohden, P. R., "Die Rolle des Homme de Lettres in der französischen Politik," *HZ,* 147, 1932.
Sabine, G., "The two Democratic Traditions," *PhR,* 61, 1952.
Samuel, R., "Wieland als Gesellschaftskritiker: eine Forschungsaufgabe," *Seminar,* V, 1, 1969.
Schiller, F.: *Friedrich Schiller, sämtliche Werke,* Herausg. G. Fricke u. H. G. Göpfert, in Verbdg. mit H. Stubenrauch, Hanser, München 1960.
Schindler-Hürlimann, R., *Wielands Menschenbild,* Atlantis, Zürich 1963.
Schmid, C., "Vom Reich der Freiheit," *Schiller, Reden im Gedenkjahr 1955,* Veröffentlichungen der deutschen Schillergesellschaft, Bd. 21, Ernst Klett, Stuttgart 1955.
Seiffert, H. W., "C. M. Wielands vitae veterum philosophorum," *Fo u F,* 38, 4, 1963.
Seiffert, H. W., "Die Idee der Aufklärung bei Christoph Martin Wieland," *Wis An,* 2, 1953.
Sengle, F., "Von Wielands Epenfragmenten zum 'Oberon'," *Festschrift für Paul Kluckhohn und Hermann Schneider,* a.a.O. (vgl. unter "Martini, F.").
Sengle, F., *Wieland,* Metzlersche Verlagsbuchhandlung, Stuttgart 1949.
Seuffert, B., "Der Dichter des Oberon," *Sammlung gemeinnütziger Vorträge,* 264, A. Haase, Prag 1900.
Seuffert, B., "Wieland," *Goethe,* 1, 1914.
Seuffert, B., "Wielands Berufung nach Weimar," *VfL* (Sonderdruck), 1, 1888.
Shaftesbury, Third Earl of, A., *Characteristicks of Men, Manners, Opinions, Times,* 3 vols., 6th corrected ed., London 1837.
Siegers, W., *Menschheit, Staat und Nation bei Wieland,* Diss., München 1930.
Smith, T. V. & Greene, M, *From Descartes to Kant,* U.C.P., Chicago 1947.
Stahr, A., *G. E. Lessing,* Guttentag, Berlin 1866.
Staiger, E., "Wieland: Musarion," *Die Kunst der Interpretation,* Atlantis, Zürich 1957.
Stamm, I. S., "Wieland and Sceptical Rationalism," *GR,* 33, 1958.
Stark, W., "Introduction," *Machiavellism — the Doctrine of Raison d'Etat . . . ,* a.a.O. (vgl. unter "Meinecke, F.").
Steinberger, J., "Ist Wieland der Verfasser der 'Unmaßgeblichen Gedanken eines Laien über Bahrdts Glaubensbekenntnis'? ," *Euphorion,* 25, 1924.
Stern, A. C. M., *Reden, Vorträge, Abhandlungen,* J. G. Cotta'sche Buchhandlung Nachf., Stuttgart & Berlin 1914.

Strauss, L., "On Locke's Doctrine of Natural Right," *PhR*, 61, 1952.

Teesing, H. P. H., "Wielands Verhältnis zur Aufklärung im 'Agathodämon'," *Neophil*, 21—22, 1935.

Treue, W., "Das Verhältnis von Fürst, Staat und Unternehmer in der Zeit des Merkantilismus," *VSWG*, 44, 1957.

Van Abbé, D. M., *Christoph Martin Wieland*, Harrap & Co., London 1961.

Van Klaveren, J., "Fiskalismus — Merkantilismus — Korruption," *VSWG*, 47, 1960.

Vogt, O., *Der goldne Spiegel und Wielands politische Ansichten*, Diss., Berlin 1904.

Vormweg, H., "Vernunft und Gegenwirkung. Zu Wielands 150. Todestag," Merkur, 17, 1, 1963.

Wahl, H., "Wieland und die Allgemeine Literatur-Zeitung," *Goethe*, 19, 1933.

Warnock, G. J., "Kant," *A Critical History of Western Philosophy*, Herausg. D. J. O'Connor, Collier-MacMillan, London 1964.

Wieland, C. M.: vgl. EINFÜHRUNG, S. 9.

Wiese, B. v., *Die deutsche Tragödie von Lessing bis Hebbel*, Hoffmann & Campe, Hamburg 1961.

Wiese, B. v., *Friedrich Schiller*, Metzlersche Verlagsbuchhandlung, Stuttgart 1959.

Wolff, H. M., *Die Weltanschauung der deutschen Aufklärung*, Francke, Bern 1963.

Wolffheim, H., *Wielands Begriff der Humanität*, Hoffmann & Campe, Hamburg 1949.

Würzner, H., *Christoph Martin Wieland — Versuch einer politischen Deutung*, Diss. Heidelberg 1957.